CURSORIA 2

Leseabenteuer mit
Odysseus von Troia bis Ithaka

Cursus, Ausgabe A/B, Lektion 21–36

Lektionenbegleitende Texte
zur Wiederholung und Vertiefung von
Wortschatz und Grammatik
– mit Lösungen –

Herausgegeben von
Friedrich Maier und Stephan Brenner
Verfasst von Britta Boberg und Friedrich Maier

Oldenbourg
C.C. Buchner
Lindauer

Cursus, Ausgabe A/B – Unterrichtswerk für Latein

herausgegeben von Prof. Dr. Friedrich Maier und Dr. Stephan Brenner
und bearbeitet von
Britta Boberg, Reinhard Bode, Dr. Stephan Brenner, Prof. Andreas Fritsch, Michael Hotz, Prof. Dr. Friedrich Maier, Wolfgang Matheus, Ulrike Severa, Hans Dietrich Unger, Dr. Sabine Wedner-Bianzano, Andrea Wilhelm

Berater: Hartmut Grosser

Illustrationen: Elina Deberdeeva, München
Karte: Achim Norweg, München
Umschlagfotos vorne: Bridgeman Art Library, London; VICTORY/De Angelis Produktion „Julius Caesar", Kaufbeuren; Dr. Peter Grau, Eichstätt
hinten: Reinhard Bode, Mechterstädt; Skulpturensammlung Dresden/Albertinum

Das Papier ist aus chlorfrei gebleichtem Zellstoff hergestellt, ist säurefrei und recyclingfähig.

1. Auflage 2007

Druck 14 13 12 11 10
Die letzte Zahl bezeichnet das Jahr des Drucks.
Alle Drucke dieser Auflage sind untereinander unverändert und im Unterricht nebeneinander verwendbar.

Umschlagkonzept: Mendell & Oberer, München
Umschlag: Groothuis, Lohfert, Consorten GmbH, Hamburg
Lektorat: Andrea Forster, Cornelia Franke (Assistenz)
Herstellung: Johannes Schmidt-Thomé
Satz und Reproduktionen: artesmedia GmbH, Grasbrunn
Druck: Schneider Druck GmbH, Rothenburg ob der Tauber

ISBN 978-3-637-00381-1 (Oldenbourg Schulbuchverlag)
ISBN 978-3-7661-**5303**-6 (C. C. Buchners Verlag)
ISBN 978-3-87488-**342**-9 (J. Lindauer Verlag)

Inhalt

Vorwort 4

Lesetexte

21 Mitten in Troia (c-Deklination) 5
22 Beim grollenden Achill (Adverbien; hic/haec/hoc) 6
23 Achill – grausam und menschlich (PPP; Perfekt Passiv) 7
24 Streit um Achills Waffen (Plusquamperfekt/Futur II Passiv) 8
25 Troias Ende (PPP als Attribut/Subjekt/Objekt; PPP als Adverbiale: PC) 10
26 Augenzeuge des Untergangs (Passiv im Präsensstamm; Infinitiv Präsens Passiv) 11
27 Flucht aus Polyphems Höhle (u-Deklination) 12
28 Poseidons Zorn (PPA; PPA als Attribut/Subjekt/Objekt; PPA als Adverbiale: PC; qui/quae/quod als adjektivisches Interrogativ-Pronomen) 14
29 Im Totenreich (Konjunktiv Präsens Aktiv) 15
30 Der Gesang der Sirenen (Konjunktiv Perfekt Aktiv; Konjunktiv Präsens/Perfekt Passiv) 16
31 Zwischen Skylla und Charybdis (Konjunktiv Imperfekt/Plusquamperfekt Aktiv und Passiv) 18
32 In Kalypsos Armen (Irrealis der Gegenwart und der Vergangenheit) 19
33 Am Hof des Phäakenkönigs (ferre) 20
34 Begegnung mit Telemach (Ablativus absolutus mit dem PPP; Dativ des Vorteils/Zwecks) 22
35 Ein ungewöhnliches Wiedersehen (Ablativus absolutus mit dem PPA, in nominalen Wendungen; ne nach Ausdrücken des Fürchtens) 23
36 Der Wettkampf mit den Freiern (ipse/ipsa/ipsum; Abl. abs.: Zusammenfassung) 24

Wortschatz 26

Mini-Wörterbuch 34

Eigennamen 37

Mythologische Landkarte 40

Vorwort

Liebe Schülerinnen und Schüler!

Das Leseheft **CURSORIA 2** bietet euch die Möglichkeit zur Wiederholung des Wortschatzes und der Grammatik, die ihr Lektion für Lektion in eurem Lehrbuch **CURSUS, Lektion 21–36**, erarbeitet habt. Die 16 Texte enthalten immer den Grammatikstoff und den größten Teil des Wortschatzes der zugehörigen Lektion des Lehrbuches. Ihr könnt also weiterhin euer Wissen und Können Schritt für Schritt an Texten mit neuen Inhalten testen und euch dadurch für den Unterricht oder für Prüfungsarbeiten fit machen.

CURSORIA 2 entführt euch wiederum in die griechische Sagenwelt: Die 16 Texte handeln von Abenteuern des Odysseus, die sich in und vor Troia und dann auf der Seefahrt von der Nordküste Kleinasiens zur Heimat des Helden, nach Ithaka, ereignet haben. Ihr lernt dabei in groben Zügen den Stoff der ersten Epen der Weltliteratur, der „Ilias“ und „Odyssee“ des Dichters Homer, kennen. Jede Geschichte enthält ein neues Abenteuer, aber alle hängen miteinander zusammen, sodass ihr auch diesmal eine „fortlaufende Geschichte“ (*Cursoria*) lesen könnt.

Wir geben euch erneut ein Trainingsprogramm an die Hand, mit dem ihr eure bereits erworbene Fähigkeit, lateinische Texte zu lesen, festigen und steigern könnt. Damit erhöht sich auch eure Sicherheit im Erkennen und Analysieren der lateinischen Wörter, Formen und Konstruktionen. Mithilfe der Lösungen in der Mitte dieses Leseheftes könnt ihr allein, zusammen mit Mitschülerinnen und Mitschülern oder euren Eltern kontrollieren, wie gut ihr übersetzt habt.

Ihr werdet in **CURSORIA 2** drei Symbole vorfinden:

i Hier findet ihr die wichtigsten **Vorinformationen** zur jeweiligen Geschichte. Lest sie genau, bevor ihr mit der Übersetzung beginnt.

* Damit ihr euch in all den Namen von Helden, Königen und Königinnen, Völkern, Göttern und Göttinnen sowie Ungeheuern der griechischen Sagenwelt zurechtfindet, gibt es ab S. 37 ein ausführliches **Eigennamenverzeichnis**, wie ihr es bereits aus eurem Lehrbuch kennt. Wo die Eigennamen im Text das erste Mal vorkommen, sind sie mit einem * versehen.

📖 Vokabeln, die im Text verwendet werden und von euch noch nicht gelernt worden sind, sind mit einem 📖 versehen. Das können Vokabeln einer späteren Lektion oder häufig in diesen Texten gebrauchte Vokabeln sein. Die Bedeutung dieser Vokabeln findet ihr im **„Mini-Wörterbuch“** ab S. 34.

Eure zweite, gewiss wieder spannende Lesereise in die griechische Sagenwelt kann beginnen. Wir wünschen euch viel Spaß und Erfolg mit **CURSORIA 2.**

Britta Boberg und Friedrich Maier

21 Mitten in Troia

Der Troianische Krieg war wegen einer Frau ausgebrochen. Helena, die Frau des Königs Menelaos von Sparta, war von Paris, dem Sohn des Königs Priamus von Troia, geraubt worden. Menelaos und sein Bruder Agamemnon wollten die Geraubte um jeden Preis nach Griechenland zurückholen. Deshalb waren sie in den Krieg gegen Troia gezogen und viele mit ihnen. Am Troianischen Krieg teilzunehmen, war für die griechischen Könige und Fürsten eine Ehrenpflicht. Nur Odysseus, der König der Insel Ithaka, war wenig begeistert. Er hatte nämlich eine junge, hübsche Frau und einen kleinen Sohn, den er über alles liebte. Trotzdem schloss er sich den übrigen Königen an und spielte dann vor und in Troia eine wichtige Rolle. Mit seiner Klugheit, List und Redegabe nahm er keinen geringen Einfluss auf das Geschehen und geriet dabei häufig in eine lebensbedrohliche Lage.

1 Graeci* urbem Troiam* iam diu obsidebant neque ob Helenam* ab ea discedere parati erant. Castra haud procul a litore posuerant.

2 In numero regum Graecorum, qui in Troiam venerant, etiam Ulixes* erat. Is in insula Ithaca* regnum tenebat.

3 Ibi Penelopam*, uxorem egregia fide, et Telemachum*, filium parvum, reliquerat. Ea re valde maestus erat.

4 Tamen duodecim navibus multos viros ex Ithaca in Asiam* portaverat. Graecis enim auxilium dare volebat.

5 Graeci autem saepe muros Troiae aut transcendere[1] aut perfringere[2] frustra temptaverant, quod eos Troiani* magnos et firmos aedificaverant. Itaque Menelaum* et Ulixem in urbem legatos[3] miserunt.

6 Agamemnon* ad eos: „Ite! Petite Helenam! Persuadete Priamo*, regi Troianorum, bellum omnibus rem miseram esse!"

7 Troiani legatos cum honore receperunt et ad Priamum regem duxerunt. Ulixes, vir summae prudentiae et orator bonus, ei dixit:

[1] transcendere: etw. übersteigen [2] perfringere: durchbrechen [3] legatos (*prädikativ*): „als ..."

8 „O Priame, magne rex magni populi, res futurae[4] semper incertae sunt. Sed audi: Si nobis Helenam reddideris, urbi tuae non diutius res adversae instabunt."
9 Tum subito filii regis intercesserunt[5]. Iam Graecos corripiebant eosque necare parabant, cum Antenor*, qui magna auctoritate erat, eos sine timore prohibuit.
10 Dixit enim: „Summum nefas est hospites violare[6]. O rex Priame, redde Graecis Helenam! Quam magna res est animos hominum reconciliare[7]!"
11 Priamus autem Antenoris sententiam non probavit. Helenam non reddidit. Ita Menelaus et Ulixes infecta re[8] ad suos redierunt.
12 Eis rebus Graeci non gaudebant. Omnem spem paene deposuerunt, quod Achilles*, qui magna vi corporis erat, non iam cum Troianis contendere volebat.
13 Magna enim iniuria Agamemnonis iram eius moverat.

[4] futurus, -a, -um: zukünftig [5] intercedere (-cedo, -cessi, -cessum): einschreiten [6] violare: verletzen [7] reconciliare: versöhnen [8] infecta re: erfolglos

22 Beim grollenden Achill

i Achill war der griechische Held, der am meisten von den Troianern gefürchtet wurde. Er zog sich allerdings wütend und beleidigt vom Kampfgeschehen zurück, da Agamemnon, König von Mykene, ihm seine schöne Lieblingssklavin Briseis weggenommen hatte. Am Strand beklagte er sich bei seiner Mutter Thetis, einer Meeresgöttin, über das ihm zugefügte Unrecht. Sie versprach, ihrem Sohn zu helfen. Sie werde, so sagte sie, die Troianer so lange siegen lassen, bis die Griechen ihn um Verzeihung bitten. Ließ sich Achill von seinem Groll abbringen?

1 Troiani*, ubi Achillem* bello non iam interesse audiverunt, statim portas urbis aperuerunt, foras proruperunt, audacter ad naves Graecorum* properare coeperunt.
2 Neque enim arma neque insidias Graecorum metuebant. Iam naves hostium igne tollere studebant, cum Graeci eis magna vi occurrerunt.
3 Statim pugna ingens accidit. Menelaus* et Agamemnon*, qui copiis Graecorum praeerant[1], magna voce suos ad pugnam incitaverunt.
4 Menelaus: „Ite, socii, stringite gladios! Hodie de victoria pugnabimus. Hac pugna Troianos opprimemus. His armis Troiam* capiemus. Huic urbi perniciem parabimus." Rex sociis suis magnum virtutis exemplum dedit.
5 Graeci egregie et feliciter pugnaverunt et cito hostes reppulerunt[2].

[1] praeesse (praesum, praefui; *m. Dat.*): voranstehen, anführen [2] repellere (repello, reppuli): zurückstoßen, abwehren

6 Hector* autem, Troianorum imperator, e muris summum periculum patriae instare vidit. Statim ad mulierem et filium parvum cucurrit.
7 „Ave“, inquit, „Andromacha*! Heu me miserum! Qui urbem nostram servare possum?
8 Hoc scio: Fortuna me apud vos manere prohibet. Neque me salvum e pugna evadere sinet. Tu, mulier cara, cura bene Astyanactem*, hunc filiolum[3] nostrum! Valete!“
9 Tum Hector ad pugnam discessit et magno furore belli inter Graecos saevivit: Alios scuto[4] in terram proiecit, alios gladio sustulit, etiam Agamemnonem sagitta valde laesit.
10 Cito Graecorum res iterum male[5] erat. Omnes iam spe carebant. Tandem Agamemnon ad Achillem misit Ulixem*, qui blandis verbis hoc modo dixit:
11 „O Achilles, tu non solum miles fortis es, sed etiam vir magno animo. Itaque non diutius cessabis, sed libenter Graecis tuis aderis.
12 Nam hi in summo periculo sunt. Hector cum Troianis iam prope naves est, iam parat naves igne opprimere. Mox non iam incolumes in patriam redire poterimus. Quam misere hic peribimus!
13 Proinde relinque hunc locum! Hinc veni ad nos! Ades sociis tuis! Nemo Hectori virtute et viribus par est nisi tu.
14 Agamemnon veniam[6] a te petit tibique dona pulchra promittit. Et hoc iuravit: ‚Briseidem* Achilli reddam!‘“
15 Sed Achilles in ira sua manebat. Tam acriter Agamemnon animum eius superbum laeserat.

[3] filiolus, -i: Söhnchen [4] scutum, -i: der Schild [5] male est: es steht schlecht um [6] venia, -ae: Verzeihung

23 Achill – grausam und menschlich

i Ohne Achill und die Myrmidonen, deren Anführer er war, hatten die Griechen keine Chance, einem Angriff der Troianer standzuhalten. In höchster Bedrängnis bat Patroklos seinen Freund Achill um dessen Rüstung; er wollte die Myrmidonen in den Kampf führen und den Griechen Mut machen. Mit Achills Zustimmung griffen die Myrmidonen schließlich unter Patroklos' Führung in den Kampf ein und wüteten wild über das Schlachtfeld. Dabei wurde Patroklos von Hektor getötet. Odysseus und der tapfere Aias konnten den Leichnam retten und zu Achill bringen. Der ließ ihn, von Schmerz und Trauer erfasst, feierlich bestatten. Doch wie reagierte der grollende Held auf diesen Verlust?

1 Dolor Patrocli* mortui animum Achillis* valde incenderat. Sed vix amicum magno cum honore sepeliverat, cum ira eius in summum furorem versa est.
2 Statim a classe in litore sita discedere constituit magnaque voce clamavit:
3 „Non impune[1], Hector*, crudelis Troianorum* dux, a te amicus meus necatus est. Ego te tollam. Mox omnes Troiani te a me oppressum esse sentient.“
4 Cito Achilles ad socios rediit et cum Hectore pugnare coepit. Primo ab eis eminus[2] hastae[3] missae sunt, postea comminus[4] gladii stricti sunt.
5 Ceteri autem hanc pugnam duorum spectabant. Ulixes*: „Quam acriter“, inquit, „hi viri inter se pugnant! Magna cupiditas pugnae hos incitat.“

[1] impune (*Adv.*): ungestraft [2] eminus: aus der Ferne [3] hasta, -ae: Lanze [4] comminus: im Nahkampf

6 Sed Achilles, quod ei a Minerva* dea auxilium datum est, se virtute superiorem[5] praebuit. Hector fugere studuit et ter[6] circum muros urbis Troiae* ab Achille actus est.

7 Is, ubi eum comprehendit[7], gladio necavit. Tum Hector mortuus equo ad castra Graecorum* portatus et corpus eius cottidie circum sepulcrum Patrocli tractum est. Tantus erat furor Achillis.

8 Priamus* autem, postquam filium necatum esse et hostes corpus eius tam crudeliter tractare[8] audivit, valde maestus erat neque duces Graecos* adire cessavit.

9 Nocte castra eorum intravit, Achillem convenit et eum ita appellavit:

10 „O Achilles, non rex[9], sed pater[9] ad te veni. Cogita de patre tuo! Respice[10] amorem patris! Tu adhuc vivis. Sed mihi filius fato duro raptus est.

11 Supplex te peto. Redde mihi, quaeso, corpus eius! Nefas enim est mortuum non sepelire. Vita iram deorum!“

12 Sed ab Achille non verbis vehementibus responsum est: „Tu, Priame, hostis quidem es, tu quidem gentem hostium regis. Sed tu me de patre meo monuisti. Itaque etiam te colo patrem[9]. Sponte mea tibi corpus filii reddam.“

13 Tandem pater filium mortuum in urbem re-portavit. Ea res a multis visa est, etiam ab Ulixe. Is secum cogitavit: „Quam bene, quam clementer Achilles fecit!“

[5] superior, superioris: überlegen [6] ter: dreimal [7] comprehendere (comprehendo, comprehendi, comprehensum): einholen [8] tractare: behandeln [9] rex/pater/patrem (*prädikativ*): „als ...“ [10] respicere (hier): Rücksicht nehmen auf

24 Streit um Achills Waffen

i Mit der versöhnlichen Geste Achills gegenüber Priamus endet Homers „Ilias“. Am Ende des Epos steht ein Akt großartiger Menschlichkeit. Doch der Kampf um Troia hörte nicht auf. Andere Quellen berichten über den weiteren Verlauf. Nach Hektors Tod waren die Troianer erschüttert und erstarrten in Trauer. Priamus, ihr König, hatte alle Hoffnung aufgegeben. Doch da kam ihnen das Volk der Amazonen zu Hilfe, auch aus Äthiopien eilten Hilfstruppen herbei, sodass sich das Kriegsglück wieder den Troianern zuwendete. Die Griechen hatten freilich ihren stärksten Mann wieder im Kampf: Achill. Dieser war umso gefährlicher für die Gegner, weil er am ganzen Körper unverletzbar war – bis auf die Ferse. Wie also verlief das weitere Kampfgeschehen?

1 Achilles*, quamquam corpus Hectoris* reddiderat, tamen omni vi in Troianos* invadere non desiit, quoniam morte Patrocli* valde commotus erat.

2 Iam Graeci* omnia circum Troiam* loca obsidebant, iam moenia urbis ab eis circumdata erant, iam Achilles portas frangere coeperat, cum subito Apollo* deus apparuit.

3 Qui Achilli non favebat. Itaque sagittam in eum misit eiusque calcem[1] male tetigit[2]. Et ingens vir in terram cecidit et de vita decessit.

4 Statim Troiani, quod hoc auxilio dei iterum ad pugnam incitati erant, ex urbe in Graecos proruperunt. Qui procedere prohibiti et in summum periculum vocati[3] sunt.

5 Neque tamen ab hostibus superati sunt. Cuncti enim magna virtute pugnaverunt. Imprimis Ulixes* et Aiax* se fortes praebuerunt; ambo inter corpora mortuorum corpus Achillis invenerunt et a furore Troianorum defenderunt.

6 Quod Graeci magno cum honore sepulcro condiderunt. Quamquam paulo post Troiani in urbem repulsi erant portaeque eius iterum clausae erant, impetus[4] factus non est.

7 Nam in castris Graecorum Ulixes et Aiax summo studio inter se verbis certaverunt: „Uter nostrum[5] arma Achillis accipere dignus est?“ Iudices id statuere debebant. Uterque pro se verba fecit.

8 Ulixes, alter eorum: „Ego certe armis magni viri dignus sum. Quam saepe vos prius, o Graeci, prudentia mea e periculis, in quae vocati[3] eratis, servavi! Nisi mihi arma Achillis data erunt, vobis non iam adero. Mox vobis certe auxilio meo opus erit.“

9 Aiax, alter eorum: „Ego pro certo habeo me his armis dignum esse. Nam audacia mea hostes saepe oppressi sunt.“

10 Iudices autem consenserunt Ulixem armis Achillis dignum esse. Quam ob rem Aiax valde iratus erat et ad litus abiit, ubi oves erant.

11 Subito in furore esse et oves parvas gladio necare coepit. Eas enim viros Graecos* et inter eos Ulixem esse putabat.

12 Sed ubi eo furore liberatus est, cunctos se irridere sentiebat.

13 Tum magna voce clamavit: „Quemadmodum tanta cum ignominia[6] vivere possum?“ Statimque gladio se interfecit.

[1] calx, calcis *f.*: Ferse [2] tangere (hier): treffen [3] in periculum vocare: in Gefahr bringen [4] impetus, -us *m*: Angriff
[5] nostrum: von uns [6] ignominia, -ae: Schande

UND HEUTE?

„Das ist die *Achillesferse* der Demokratie.“
Das ist die Stelle, wo sie gefährlich verwundbar ist.

25 Troias Ende

i Nach der feierlichen Bestattung Achills waren die Griechen ratlos; sie hatten kaum noch Hoffnung, die Troianer zu besiegen. Ihr bester Mann, Achill, war tot. Nur einer konnte noch helfen: Odysseus, der Listenreiche. Mit welchen Mitteln suchte er den Erfolg?

1 Graeci* Ulixem* consuluerunt. Is a Minerva* dea monitus eis consilium audax dedit. Statim omnes id perficere parati erant. Libenter mandata Ulixis fecerunt.
2 Equum enim magnitudinis ingentis ligneum[1] aedificaverunt; in quo viros robustos clauserunt, inter eos et Ulixem. Eum equum magna arte aedificatum nocte in litore posuerunt.
3 In eo scripserunt: DANAI[2] MINERVAE DONO[3] DANT. Deinde ceteri Graeci in insulam Tenedum* navigaverunt.
4 Postero die Troiani* litus hostibus vacare viderunt. Magno gaudio affecti cito portas clausas aperuerunt, ex urbe ex-ierunt equumque ingentem in litore positum spectaverunt.
5 Tum Sinon*, unus e Graecis, apparuit Troianisque dixit: „Heu me miserum! E navibus Graecis* fugi; Ulixes enim mihi valde inimicus est. Hic equus in litore relictus munus Graecorum est Minervae deae. Graeci in patriam discesserunt."
6 Troiani dolum eorum non perspexerunt, sed a Cassandra* et Laocoonte* moniti tamen Sinoni fidem habuerunt.
7 Priamus* rex imperavit: „Dividite muros! Trahite hunc equum in urbem! Gaudete de victoria nobis a deis data!"
8 Profecto equus in urbem tractus est. Ulixes autem, qui cum comitibus in eo latebat, molli voce dixit:

[1] ligneus, -a, -um: hölzern [2] Danai, -orum: Danaer (*anderer Name für Griechen*) [3] dono (*Dat.*): zum Geschenk

9 „Audite, milites! Troiani dolo nostro decepti diem festum agunt. Quia de victoria gaudent, canunt et saltant. Eorumque ora certe laeta sunt.
10 Sed hoc dictum scitis: ‚Aliquando urbs Troia* peribit.' Itaque, si Troiani vino impleti dormire coeperint, eos opprimemus. Mox bellum finiemus."
11 Tum nocte ex equo a Sinone aperto ex-ierunt, omnia loca urbis occupaverunt[4]; etiam ceteri Graeci clam ex insula Tenedo navibus re-portati eo invaserunt.
12 Subito furore agitati aedificia incenderunt, Troianos ex somno excitatos invaserunt; in viros, mulieres, liberos se superbos et crudeles praebuerunt.
13 Neque principibus neque plebi pepercerunt, nemo ab eorum iniuriis tutus erat. Troiani aut necati aut pulsi sunt.
14 Mox tota urbs ingentibus flammis ardebat. Graeci autem de Troia capta et sublata gaudebant. Sed dei ira commoti eis non iam favebant.

[4] occupare: besetzen

UND HEUTE?

„Die Weltmeisterschaft erwies sich für das Gastland als ein *Troianisches Pferd.*"
Sie erwies sich als eine Möglichkeit für Gewalttätige, in dieses Land zu kommen.

„Er hat mir ein *Danaergeschenk* gemacht."
Er hat mir etwas gegeben, das für mich höchst gefährlich geworden ist.

26 Augenzeuge des Untergangs

i Odysseus hielt sich, wie wir aus den überlieferten Texten wissen, bis ganz zuletzt in der brennenden Stadt auf. Er erlebte den Untergang Troias hautnah mit – und auch das Schicksal des Königshauses. Er sah viel, und viel wurde ihm berichtet. Später, als die Stadt dem Erdboden gleichgemacht war, saßen die Griechen erschöpft am Strand und jeder berichtete das, was er vom Kampfgeschehen wusste; so auch Odysseus, der von seinen eigenen Erlebnissen etwa Folgendes erzählte:

1 „Dum Troia* ingentibus flammis ardet, in angustis totius urbis viis a nobis vehementer pugnabatur; ubique homines e somno excitati aut capiebantur aut interficiebantur.
2 Tota acies nostra in urbe saeviebat. Nos ad arcem Priami* ruimus, ante omnes Agamemnon* et Menelaus*. A quibus Helena* quaerebatur. Audiebantur eorum voces: ‚Ubi est Helena, ubi est Paris*?'
3 Tandem in arcem natura loci bene munitam ascendere eamque oppugnare temptabamus. Postquam autem in summum pervenimus, eam adhuc a Troianis* diligenter custodiri et fortiter defendi animadvertimus. Sed mox etiam ii, qui ibi vigilias agebant, a nobis oppressi sunt.
4 Tum cito portae franguntur, cito arx expugnatur, cito aula regia petitur. Ibi iam a Priamo rege eiusque sociis exspectamur.
5 Magna voce rex clamat: ‚Colite[1] senem! Quam miser sum, quoniam tot liberos a vobis opprimi, filios necari, filias in servitutem abduci video.

[1] colere (hier): Ehrfurcht haben vor

6 Nisi mihi peperceritis, vos a deis aliquando ad magnam inopiam, immo ad summam calamitatem[2] adducemini. Haud pauci vestrum[3] terribili modo vita privabuntur.‘
7 Statim Priamus gladio stricto nobis occurrit, sed a Neoptolemo* crudeliter interficitur.
8 Mox hic Helena uxor a Menelao invenitur, ibi Cassandra*, filia regis et vates[4], per vim abducitur. A nostris etiam simulacra sacra e templis[1] rapiuntur, arx tota vastatur.
9 Subito, dum e muris arcis ad inferiores[5] urbis partes despicio, quid video?
10 Haud parvus numerus Troianorum hinc salutem fuga petit. Inter eos vir magnus et robustus eminet[6]. Ab eo senex umeris[7] portatur, puer manu tenetur. Paulo post eos femina succedit.
11 Unus e comitibus: ‚Nisi fallor, hic vir robustus Aeneas* appellatur. Ab eo Anchisem*, patrem eius, umeris[7] portari, Ascanium*, filium eius, manu teneri puto.
12 Haec femina, quam post eos conspicis, Creusa* vocatur; mulier Aeneae filiaque regis Priami est. Hi omnes a multis servis custodiuntur.‘
13 Diu ego eos Troianos spectavi. Subito discesserunt. Eos celeriter ex urbe ubique incensa evasisse audivi.“

[2] calamitas, -atis *f.*: Unglück [3] vestrum: von euch [4] vates, vatis *m/f.*: Seher/Seherin [5] inferior, -oris: unterer
[6] eminere: herausragen [7] umeri, -orum: Schultern

27 Flucht aus Polyphems Höhle

i Nach zehn Jahren Kampf machten sich die erschöpften Helden von Troia aus auf den Weg zurück in ihre Heimat. Auch Odysseus und seine Gefährten wollten endlich nach Ithaka zurück. Auf der Fahrt kamen sie mit ihren Schiffen nach Thrakien, wo sie in einem harten Kampf mit den Kikonen viele Leute verloren. Odysseus aber siegte und nahm Rache. Dabei verschonte er den Apollopriester Maron, der ihm u. a. einen Schlauch Wein schenkte.

1 Graeci*, postquam magno impetu oppidum Ciconum* expugnaverunt, de exercitu illorum adversariorum victoriam pepererunt. Tum omnes illius oppidi partes incendio deleverunt, iterum naves suas conscenderunt et Ithacam* petiverunt.
2 Sed haud procul ab illa insula per mare navigabant, cum subito vehementi tempestate oppressi sunt et paene cunctae naves eorum perierunt.

3 Ea navis autem, cui Ulixes* praeerat, cum paucis aliis ad insulam Cyclopum* deiecta est[1]. Cyclopes homines barbari ingenti magnitudine corporis erant; unum oculum media in fronte[2] habebant. Eos etiam corpora hominum edere notum erat.
4 Tamen Ulixes, ubi cum duodecim sociis illam insulam intravit, a Polyphemo* Cyclope, filio Neptuni*, hospitium petivit.
5 Qui Ulixem eiusque socios libenter in specum[3] suum recepit, secum autem cogitavit: „Quam iucunda cena mihi horum homunculorum[4] erit!“
6 Ad Ulixem autem: „Dic mihi nomen, quo tu a sociis tuis significaris!“ Is respondit: „‚Nemo‘ appellor.“
7 Subito Cyclops specum[3] ingenti saxo clausit. Nemo iam effugere potuit. Sed Polyphemum cottidie duos socios avide[5] devorare[6] Ulixes vidit.
8 Tum ii socii, qui nondum devorati erant[6], summo metu commoti Ulixem adierunt:
9 „O Ulixes, serva nos! Nos huic barbaro resistere non possumus. Neque enim viribus ei pares sumus. Etsi communes cum eo pugnabimus, iniquum proelium committemus. Sin tu dolo tuo eum vincere temptabis, rem opportune geres. Proinde vince hoc monstrum, priusquam universi peribimus!“
10 Ulixes his precibus commotus vinum, quod ab illo sacerdote Ciconum acceperat, Polyphemo dedit. Qui magna cum voluptate vinum bibere coepit. Mox humi[7] inter oves suas iacebat et in specu[3] dormiebat.
11 Statim Graeci trunco ardenti[8] oculum Polyphemo deleverunt. Qui dolore excitatus cito surrexit magnaque voce iterum atque iterum clamavit: „Necor! Necor!“
12 Magna multitudo Cyclopum ad specum[3] accurrit. Qui interrogaverunt: „Quis te necat?“ Ille: „Nemo!“ Itaque ridebant et abierunt, quod Polyphemum ludere sentiebant.
13 Qui saxum, quo specus[3] clausus erat, sustulit. Oves enim ex-ire voluit. Ulixes autem se et socios sub ovibus alligaverat[9]. Ita Cyclops eos cum ovibus e specu[3] ex-ire non intellexit.
14 Cito Graeci ad litus cucurrerunt et statim naves conscenderunt. Inde dux eorum clamavit: „Nuntia, o Polypheme, tuis Ulixem te caecavisse[10], Ulixem tibi tantam cladem fecisse.“
15 Polyphemus ira incensus magnum saxum in mare praecipitavit et paene navem Ulixis delevit.

[1] deicere (deicio, deieci, deiectum): verschlagen [2] frons, frontis *f*: Stirn [3] specus, -us *m*: Höhle
[4] homunculi, -orum: kümmerliche Menschen [5] avidus, -a, -um: gierig [6] devorare: verschlingen
[7] humi: auf dem Boden [8] truncus ardens: glühender Pfahl [9] alligare: anbinden [10] caecare: blenden

28 Poseidons Zorn

i Odysseus war glücklich von der Insel des Polyphem geflohen. Doch die Gefahren, die ihm bevorstanden, waren noch schlimmer, zumal er sich durch die Blendung des Riesen den Zorn eines mächtigen Gottes zugezogen hatte.

1 Ulixes*, quod Polyphemo* lumen oculi eripuerat, iram Neptuni*, dei maris, maxime moverat. Is enim pater Polyphemi erat. Itaque summo odio ardens ubique Ulixi pericula parare instituit.

2 Mox naves Graecorum* ad insulam Aeoli*, dei ventorum, venerunt. Qui advenientes libenter in aedes suas recepit Ulixemque interrogavit:

3 „Ex quo genere natus es? In qua urbe vivis aut quam terram incolis[1]? Quorum hominum tu rex es? Te enim virum magna dignitate esse sentio.“

4 Ulixes autem hospitio Aeoli valde gaudens statim respondit: „O Aeole, in insulam Ithacam*, in qua rex sum, cum sociis redire volo. Ibi Penelopam* mulierem et Telemachum* filium iam decem annos me exspectantes iterum videre studeo.“

5 Deinde Aeolus Ulixi abeunti saccum[2], in quo omnes ventos praeter Zephyrum* clauserat, dedit. Naves enim Graecorum illo vento in patriam pelli necesse erat.

6 Itaque Ulixes a sociis postulavit: „Hunc saccum[2] semper clausum tenete!“ At ii, quod saccum[2] auro impletum esse putabant, domino suo vehementer monenti tamen non paruerunt.

7 Nam avaritia adducti, dum Ulixes dormit, saccum[2] aperuerunt. Qui vix apertus erat, cum omnes venti ex eo evaserunt et magnam tempestatem excitaverunt.

8 Obscura luce Graeci interdum neque caelum neque mare cernentes de vita sua valde timebant. Cito naves eorum ad insulam Aeoli reiectae[3] sunt.

9 At is Graecos tum ab finibus suis arcuit ius hospitii neglegens. Intellexit enim iram Neptuni contra Ulixem incensam esse.

10 Tandem Ulixes eiusque socii iam de salute desperantes procul terram in mari sitam spectaverunt. Statim naves ei appropinquaverunt.

[1] incolere (incolo, incolui): bewohnen; wohnen [2] saccus, -i: Sack [3] reicere (reicio, reieci, reiectum): zurückwerfen

11 Ea terra erat insula Laestrygonum*. Ibi Graeci nihil metuentes castra ponere et vires suas cibo parco recreare[4] temptabant.

12 At ubi insulam intraverunt, subito Laestrygones in eos invaserunt: Erant enim homines ingenti magnitudine corporis et barbari, qui pariter ac[5] Polyphemus carnem[6] hominum edere solebant.

13 Itaque cum Graecis pugnare non dubitaverunt et de eis fortiter se defendentibus victoriam pepererunt. Multos interfecerunt et devoraverunt[7]. Postremo naves Graecas saxis deleverunt.

14 Ulixes autem cum parva manu sociorum illos barbaros salvus effugit. Amicitia Minervae* servatus patriam suam nave petere non desiit. Neque tamen magna in eum ira Neptuni discessit.

[4] recreare: wiederherstellen, auffrischen [5] pariter ac: ebenso wie [6] caro, carnis *f.*: Fleisch [7] devorare: verschlingen

29 Im Totenreich

i Als sich Odysseus bei der Zauberin Circe aufhielt, teilte sie ihm mit, dass er sich in das Reich der Schatten begeben müsse, bevor er seine Heimreise nach Ithaka fortsetzen könne. Dass dies für ihn sehr schwierig werden würde, wusste Odysseus, da bisher noch kein Sterblicher von dort zurückgekehrt war. Circe jedoch gab ihm Hinweise und Verhaltensregeln, wie er diese Aufgabe lösen könnte. Also segelte er mit seinen Gefährten an das Ende der Welt, wo die Küste des Ozeans liegt, legte mit dem Schiff an einem flachen Ufer an und fand schnell die Felsenkluft, die der Eingang zur Unterwelt war.

1 Ulixes* vix perniciem in insula Laestrygonum* effugerat, cum in aliud magnum periculum adductus est. Debuit enim Orcum* petere, ex quo nemo mortalium adhuc redierat.

2 Ille locus, ubi Ulixes umbras mortuorum convenire debebat, in fine terrarum situs erat. Eo cum sociis multos dies navigavit.

3 Quo[1] ubi pervenit, statim sacrificat et umbras hominum familiarium obsecrat, ut ex obscuris locis sub terra sitis ad lucem veniant.
4 Profecto eae frequentes apparent. Primo Teiresias*, vates[2] et vir magna senectute, venit eique Ulixes: „O Teiresia“, inquit, „dic mihi, quaeso, qua via salvus in patriam redire possim!“
5 Teiresias ei viam ostendit imprimisque🕮 monet, ut socii eius in insula Thrinacia* se bovibus[3] Solis dei abstineant.
6 Deinde Anticlea*, mater Ulixis, e tenebris🕮 apparet. Statim Ulixes eam adit: „Mater amata, nescio, num Penelopa* coniunx fidem adhuc in me servet.“ Ea autem Penelopam non desiisse maritum suum in Ithaca* exspectare nuntiat.
7 Tum Ulixes etiam ad inferos🕮 descendere non timet. Ibi inter agmina mortuorum subito Agamemnonem* cernit eumque interrogat, cur hic vitam tam infelicem agat. Is respondet se a Clytaemnestra* coniuge eiusque amico crudeliter interfectum esse.
8 Etiam Achillem* inter umbras conspicit. Qui statim ex Ulixe quaerit, quid hic velit, utrum vivus[4] an mortuus apud inferos🕮 sit. „Hi loci“, inquit, „tam tristes sunt, ut apud vivos[4] servus esse malim[5] quam[6] rex inter mortuos. Oro te, ut me hinc deducas.“
9 Paulo post Aiax* Ulixi occurrit. Eum apud Troiam* vicit in illo certamine, in quo de armis Achillis certatum est. Is celeriter🕮 se e conspectu eius tacens avertit. Ita Ulixes sentit illum etiam nunc magno odio impletum🕮 esse.
10 Denique alii mortui Ulixi appropinquant dicentes: „O Ulixes, audi, quam graviter proci🕮 mali🕮 coniugem tuam et familiares tuos domi🕮 premant, quo modo ubique iram et odium gignant!“ Et adiungunt: „Nonne scis, quo studio Telemachus* filius patrem ubique quaerat? Et uxori et filio auxilio tuo opus est.
11 Proinde propera in patriam, ne illi proci🕮 domum tuam plane🕮 vastent! Ora Minervam* deam, ut etiam nunc tibi adsit! Certe te ex Orco ad superos[7] re-ducet.“
12 Quo nuntio perturbatus Ulixes cito auxilio deae ab inferis🕮 ad socios ascendit et cum eis Ithacam petere perrexit.

[1] quo (*relativischer Satzanschluss*): dorthin [2] vates, -is *m/f.* Seher(in) [3] bos, bovis *m*: Rind [4] vivus, -a, -um: lebend, lebendig [5] malle (hier *Konj. Präs. wie* velim): lieber wollen [6] quam: als [7] ad superos: an die Oberwelt

30 Der Gesang der Sirenen

i Von Circe hatte Odysseus auch von den gefährlichen Sirenen erfahren. Diese waren Gestalten, deren oberer Körperteil das Aussehen einer Frau, der untere das eines Vogels hatte. Ihr Gesang hatte eine bezaubernde Wirkung, der sich kein Mensch entziehen konnte. Wie gelang es Odysseus, sich dagegen zu schützen?

1 Graeci* iam ab illo obscuro terrarum fine in ea loca, quae sole illustrantur[1], cursum tenebant, cum Neptunus* statim suum in Ulixem* odium exercere perrexit.
2 Numquam enim ei interitum parare et Graecos periculis circumvenire desiit. Tum novum consilium callidum🕮 iniit. Quod ita secum volvit:
3 „Id ago, ut navis istius hominis ventis ad insulam Sirenum* pellatur. Illae virgines forma avium tam pulchre canunt🕮, ut omnes, qui eas audiunt, semper ibi in lectis mollibus quiescentes manere cogantur. Nam nullum in eas praesidium inveniri potest.

[1] illustrare: beleuchten, erhellen

4 Ita mihi continget[2], ut Ulixes usque ad[3] finem vitae in insula earum teneatur et ibi pro isto in filium meum scelere quasi supplicio afficiatur."

5 Proximo die Graeci non iam procul ab insula Sirenum navigabant, cum Ulixes socios convocavit eisque dixit:

6 „Cum iam ante multos dies a Circa* dea de Sirenum periculo monitus sim, scio, quanta calamitate homines eas audientes non tantum prius oppressi sint, sed etiam nunc opprimantur. Itaque nos summam curam atque diligentiam adhibebimus.

7 Nunc vobis impero, ut aures vestras cera[4] obturetis[5], ne carmina istarum virginum a vobis audiantur.

8 Et postulo, ut ego a vobis ad malum[6] constringar[7]. Ita constrictus[7], cum carmina Sirenum audiam, tamen praeter[8] insulam navigare audebo. Neque vobis concedo, ut me vinculis liberetis."

9 Statim socii ea consulta fecerunt. Iam cuncti insulae appropinquabant, iam Ulixes praesentiam Sirenum sentiebat, iam eas voce blanda sic canentes audiebat:

10 „Veni, Ulixes, ad nos! Mane nobiscum! Si insulam nostram intraveris, videbis, quantis voluptatibus a nobis cottidie delecteris. Etiam intelleges, cur iam ante multi et fortes viri apud nos manserint."

11 Ulixes tanta vi magica[9] Sirenum valde excitatus socios ita appellavit: „Oro, ut statim vinculis liberer. Quin etiam vehementer postulo, ne a vobis prohibear semper in his locis manere."

12 At aures sociorum cera[4] obturatae[5] verbis Ulixis non patebant. Nihil audiverunt, nihil paruerunt, nihil fecerunt.

13 Denique, cum praeter[8] insulam Sirenum navigavissent, et aures suas cera[4] et Ulixem vinculis liberaverunt, ut iusserat. Ea ratione Graeci etiam ex eo periculo salvi evaserunt.

[2] contingit, ut: es gelingt/glückt, dass [3] usque ad: bis zu [4] cera, -ae: Wachs [5] obturare: verstopfen
[6] malus, i: Mastbaum [7] constringere (constringo, constrinxi, constrictum): anbinden [8] praeter (*m. Akk.*): an ... vorbei
[9] magicus, -a, -um: zauberhaft, Zauber-

UND HEUTE?

„Vorsicht vor dem *Sirenengesang* dieser Werbung!"
Vorsicht vor den unwiderstehlichen Lockrufen eines solchen Anbieters!

31 Zwischen Skylla und Charybdis

i Die schlimmste Gefahr, vor der die Zauberin Circe den König von Ithaka gewarnt hatte, war die „Meeresfalle“ zwischen den Ungeheuern Skylla und Charybdis. Dieses Abenteuer wäre den Griechen beinahe zum Verhängnis geworden. Doch wieder entkam Odysseus. Aber wie? Schon in der Antike ist diese Lage des Helden sprichwörtlich geworden: *Incidit in Scyllam, qui vult vitare Charybdim.*

1 Quanta admiratione Ulixes* carminibus Sirenum* affectus esset et quantopere libidine illarum mulierum accensus esset, socii eius diu sentiebant.

2 Nam, quod ei aditus in insulam Sirenum clausus erat, tanta ira ardebat, ut omnino nullam rem suscipere vellet. Eum quasi torpor[1] incesserat.

3 At dum socii Ulixem circumstantes deliberant, qua ratione eum movere possent, ut iter in patriam rursus pergeret, repente tempestas facta est.

4 Quae erat tam vehemens, ut mare fluctibus ingentibus valde excitaretur. Itaque navis Graecorum* cito ad tales angustias adducta est, ut inter duo magna pericula navigare cogerentur.

5 Ibi enim duo monstra valde atrocia navibus instabant. A sinistra parte erat saxum tenebris ita involutum[2], ut lux solis hic numquam spectari posset.

6 In eo obscuro loco Scylla* latebat, monstrum sex capitibus; quibus prohibebat, ne[3] nautae per angustias pervaderent[4].

7 A dextra Charybdis* saeviebat, monstrum malum; cum id semper totam aquam absorbere[5] iterumque evomere[6] notum esset, terrorem ingentem faciebat.

8 Cum autem nullum hominem prius per eas angustias salvum navigavisse multi affirmavissent, tamen Ulixes sine mora id periculum subiit.

9 Protinus sociis imperavit, ne omnes vires adhibere cessarent. Qui, cum eos magnus timor incessisset, navem remis[7] per aquas celeriter incitabant.

[1] torpor, -oris *m*: Erschlaffung, Gelähmtheit [2] involutus, -a, -um (*m. Abl.*): eingehüllt (*von*) [3] ne (hier): dass
[4] pervadere (pervado, pervasi, pervasum): hindurchfahren [5] absorbere: einsaugen, einschlürfen
[6] evomere: ausspeien [7] remus, -i: Ruder

10 Sed fluctus altus navem ad Charybdim impulit[8]. Id monstrum Graeci vix vitaverant, cum Scylla tam cito et tanta vi e saxo exiit, ut navis in altum[9] tolleretur et paene rumperetur.
11 Ei contigit[10], ut sex capitibus suis sex socios comprehenderet et devoraret[11].
12 Iam ceteri Graeci spem deposuerunt. Sed cum Minerva* dea etiam tum se custodem amici sui praebuisset, Ulixes et reliqui socii e tali et tanto periculo salvi evaserunt.
13 Mox, cum iterum clara luce per mare navigarent, laeti de suo in Ithacam* adventu cogitaverunt.

[8] impellere (impello, impuli, impulsum): hinwerfen [9] altum, -i: Höhe [10] contingit (*Perf.* contigit), ut: es gelingt/glückt, dass [11] devorare: verschlingen

UND HEUTE?
„Mit meinem Vorhaben bin ich zwischen *Skylla* und *Charybdis*."
Ich bin zwischen zwei „tödlichen" Gefahren.

32 In Kalypsos Armen

i Dem Unheil der „Meeresfalle" zwischen Skylla und Charybdis entronnen, gelangten die Griechen zur Insel Thrinakia, wo sie sich trotz Circes Warnung an den Rindern des Sonnengottes Helios (*lat.* Sol) vergriffen. Die Strafe dafür sollte bald folgen. Denn Helios hatte auch Zeus (*lat.* Iuppiter) für den Racheakt gewonnen. Wie aber erging es dabei unserem Helden?

1 Navis Graecorum* fluctibus altis tam corrupta haud diu per mare vehebatur[1], cum iterum tempestate tam ingenti pulsa est, ut plane rumperetur.
2 Tum cuncti Ulixis* socii praecipites in fluctus iactati occiderunt. Etiam Ulixes cum eis in profundum[2] maris raptus esset, nisi malum[3] navis strenue comprehendisset et obtinuisset[4].
3 Ita eum malum[3] quasi naviculam[5] adhibebat et in eo sedens cavebat, ne[6] fluctibus deprehenderetur et necaretur.
4 Malum[3] autem manibus solis per aquam incitans post novem dies ad insulam Ogygiam* pervenit, ubi Calypso*, dea nobilis et virgo pulchra, habitabat.
5 Quae Ulixem protinus diligere et omnibus amoris voluptatibus delectare coepit. Semper cibos bonos et multa pocula vini ei praebebat.

[1] vehebatur: (er/sie/es) wurde gefahren/fuhr [2] in profundum: in die Tiefe [3] malus, -i: Mastbaum [4] obtinere (obtineo, obtinui; hier): festhalten [5] navicula, -ae: kleines Schiff, Kahn [6] ne (hier): dass

6 Sic Ulixes septem fere annos vitam dulcem agebat. Neque tamen[7] se beatum esse sentiebat. Interim magis magisque[8] desiderio patriae movebatur.

7 Sorte sua non contentus aliquando maestus in litore sedebat et haec animo volvebat:

8 „Nisi tum cum ceteris regibus Troiam* petivissem, numquam patriam reliquissem. Si autem Troiani* nos Graecos vicissent, omnino non ad meos redire possem.

9 Nisi Minerva*, amica mea, mihi semper adesset, certe iam morte oppressus essem.

10 Praeterea certe non semper pericula nova subire cogerer, si Neptunus* odio in me ardere desineret.

11 At nunc ab hac insula discedere et celeriter ad meos redire studeo. Etsi Calypso mihi vitam morbis vacuam, quin etiam immortalitatem proponeret, non diutius hic manerem. Itaque nullam occasionem reditus praetermittam."

12 Statim precibus deos adiit. Qui ei favebant. A Iove* enim Calypso per Mercurium* monita est, ut Ulixem ab insula dimitteret.

13 Qua re perterrita Calypso eum tristi vultu sic appellavit: „Mi[9] amice, te apud me beatum esse existimabam. Sed tu, ut audivi, a me discedere vis. Id mihi quidem non placet. Neque te prohibebo, sed tibi auxilium dabo.

14 Ergo adhibe artem tuam! Fac ratem[10], quae te per mare portabit! Aliter insulam meam relinquere non poteris. Ego tibi commeatum[11] parabo."

15 Protinus Ulixes ratem[10] fecit dixitque: „Vale, Calypso!" Tum se ventis et deis faventibus mandavit.

[7] neque tamen: aber nicht [8] magis magisque: immer mehr [9] mi: *Vok. Sg. m von* meus [10] rates, -is *f.*: Floß
[11] commeatus, -us *m*: Proviant

33 Am Hof des Phäakenkönigs

i Endlich befand Odysseus sich wieder auf See, wenn auch auf einem riskanten Gefährt. Es ging in Richtung Heimat. Dort freilich trieben, wie er gehört hatte, an seinem Hof die Freier ihr Unwesen. Mit seinen Gedanken war Odysseus bereits in Ithaka. Doch er hatte die Rechnung ohne seinen mächtigen Feind unter den Göttern gemacht.

1 Neptunus* Ulixem* rate[1] per mare ferri animadvertit. Statim, cum ei numquam ignosceret, quod Polyphemo* filio vim attulerat, iterum tempestatem magna vi saevire iussit.

2 Quae tempestas adeo vehemens erat, ut rates[1] fluctibus ingentibus plane frangeretur et Ulixi summus terror afferretur. Is magna voce deam sibi semper auxilium ferentem oravit:

3 „Serva me, Minerva*, ex hac calamitate! Certe peribo, nisi mihi aderis." Paulo post auxilio deae ad litus insulae Phaeacum* latus est.

4 Ibi multis laboribus fessus in terra quieti se dedit. Postero mane accidit, ut turba puellarum eo perveniret. In quibus Nausicaa*, filia regis Phaeacum, erat.

5 Cum autem puellae pila[2] ludere pararent, Ulixes ex somno excitatus est. Protinus corpus nudum[3] virgis[4] texit et puellas his verbis adiit:

[1] rates, -is *f.*: Floß [2] pila, -ae: Ball [3] nudus, -a, -um: nackt [4] virga, -ae: Zweig

LÖSUNGEN

in runden Klammern: wörtliche Übersetzung; in spitzen Klammern: notwendige Ergänzungen im Deutschen

21 Mitten in Troia

1. Die Griechen belagerten die Stadt Troia schon lange und waren wegen Helena nicht bereit, von ihr wegzuziehen (wegzugehen). Sie hatten <ihr> Lager nicht weit entfernt (weg) von der Küste errichtet. 2. Unter den griechischen Königen (In der Zahl der ...), die nach Troia gekommen waren, befand sich (war) auch Odysseus. Dieser war auf der Insel Ithaka König (hatte auf ... die Königsherrschaft inne). 3. Dort hatte er Penelope, <seine> überaus treue Frau (<seine> Frau von hervorragender Treue), und Telemachos, <seinen> kleinen Sohn, zurückgelassen. Darüber war er sehr traurig. 4. Trotzdem hatte er auf zwölf Schiffen viele Männer von Ithaka nach Kleinasien gebracht. Den Griechen nämlich wollte er Hilfe bieten (geben). 5. Die Griechen aber hatten oft vergeblich versucht, die Mauern Troias zu übersteigen oder zu durchbrechen, weil die Troianer sie hoch (groß) und stark gebaut hatten. Deshalb schickten sie Menelaos und Odysseus als Gesandte in die Stadt. 6. Agamemnon <sagte> zu ihnen: „Geht! Verlangt Helena! Überzeugt Priamus, den König der Troianer, <davon>, dass der Krieg für alle ein Unglück (eine elende Sache) ist!" 7. Die Troianer nahmen die Gesandten ehrenvoll (mit Ehre) auf und führten sie zu König Priamus. Odysseus, ein sehr kluger Mann (ein Mann von höchster Klugheit) und ein guter Redner, sagte zu ihnen: 8. „Priamus, großer König eines großen Volkes, Zukünftiges ist immer unsicher (die zukünftigen Dinge sind immer unsicher). Doch höre: Wenn du uns Helena zurückgibst (zurückgegeben haben wirst), wird deiner Stadt nicht länger Unglück drohen (werden deiner Stadt ... widrige Dinge drohen)." 9. Da schritten plötzlich die Söhne des Königs ein. Schon packten sie die Griechen und hatten vor, sie zu töten, als Antenor, der großen Einfluss besaß (der von großem Einfluss war), sie ohne Furcht <daran> hinderte. 10. Er sagte nämlich: „Es ist höchstes Unrecht, Gäste zu verletzen. <Mein> König Priamus, gib den Griechen Helena zurück! Wie großartig (Eine wie große Sache) ist es, die Herzen von Menschen zu versöhnen!" 11. Priamus aber billigte die Meinung Antenors nicht. Er gab Helena nicht zurück. So kehrten Menelaos und Odysseus erfolglos zu ihren Leuten (zu den Ihren) zurück. 12. Darüber waren die Griechen nicht erfreut (freuten sich ... nicht). Sie gaben beinahe <schon> jede Hoffnung auf (legten ... ab), weil Achill, der bärenstark (von großer Körperkraft) war, nicht mehr mit den Troianern kämpfen wollte. 13. Großes Unrecht des Agamemnon hatte nämlich seinen Zorn erregt.

22 Beim grollenden Achill

1. Die Troianer öffneten, sobald sie gehört hatten, dass Achill nicht mehr am Krieg teilnehme, sofort die Tore der Stadt, stürzten nach draußen und begannen, kühn zu den Schiffen der Griechen zu eilen. 2. Sie fürchteten nämlich weder die Waffen noch die Fallen der Griechen. Schon wollten sie die Schiffe der Feinde durch Brand vernichten, als die Griechen ihnen mit großer Macht (Kraft) entgegenstürmten. 3. Sofort kam es zu einer gewaltigen Schlacht (ereignete sich ...). Menelaos und Agamemnon, die die Truppen der Griechen anführten (an der Spitze der ... standen), feuerten mit lauter Stimme ihre Leute zum Kampf an. 4. Menelaos: „Los (Geht), Gefährten, zückt die Schwerter! Heute werden wir um den Sieg kämpfen. In diesem Kampf werden wir die Troianer schlagen (überwältigen). Mit diesen Waffen werden wir Troia einnehmen. Dieser Stadt werden wir den Untergang (das Verderben) bereiten." Der König gab seinen Gefährten ein großes Beispiel an Tapferkeit. 5. Die Griechen kämpften hervorragend und erfolgreich (glücklich) und schlugen die Feinde schnell zurück. 6. Hektor aber, der Heerführer (Feldherr) der Troianer, sah von den Mauern aus, dass <seiner> Stadt (Heimat) höchste Gefahr droht. Sofort lief er zu <seiner> Frau und dem kleinen Sohn. 7. „Sei gegrüßt, Andromache!", sagte er. „Ach, ich Elender! Wie kann ich unsere Stadt <nur> retten? 8. Dies weiß ich: Das Schicksal hindert mich, bei euch zu bleiben. Und es wird mich nicht heil aus der Schlacht entkommen lassen. Du, <meine> liebe Frau, kümmere dich gut um Astyanax, dieses unser Söhnchen! Lebt wohl!" 9. Dann zog Hektor in den Kampf (entfernte sich zum ...) und wütete mächtig rasend (mit großer Kriegswut) unter den Griechen: Die einen warf er mit dem Schild zu Boden, andere tötete (vernichtete) er mit dem Schwert, auch Agamemnon verletzte er sehr mit einem Pfeil. 10. Schnell stand es um die Sache der Griechen wieder schlecht. Alle hatten schon keine Hoffnung mehr. Endlich

schickte Agamemnon zu Achill den Odysseus, der mit schmeichelnden Worten folgendermaßen (in dieser Weise) sprach: 11. „O Achill, du bist nicht nur ein tapferer Soldat, sondern auch ein Mann von großer Gesinnung. Deshalb wirst du dich nicht länger zurückhalten (wirst du ... zögern), sondern gern deinen Griechen beistehen. 12. Denn diese sind in höchster Gefahr. Hektor ist mit <seinen> Troianern bereits nahe bei den Schiffen, schon hat er vor, die Schiffe durch Feuer zu zerstören. Bald werden wir nicht mehr heil in unser Vaterland zurückkehren können. Wie elend werden wir <dann> hier zugrunde gehen! 13. Deshalb verlasse diesen Platz (Ort)! Komm von hier zu uns! Steh deinen Gefährten bei! Niemand ist Hektor an Tapferkeit und Kräften ebenbürtig außer dir. 14. Agamemnon bittet dich um Verzeihung und verspricht dir schöne Geschenke. Und er hat dies geschworen: ‚Ich werde Achill Briseis zurückgeben!'" 15. Doch Achill verharrte (blieb) in seinem Groll (Zorn). So hart hatte Agamemnon seinen stolzen Sinn verletzt.

23 Achill – grausam und menschlich

1. Der Schmerz um den toten Patroklos hatte Achills Herz sehr betroffen gemacht (entflammt). Doch kaum hatte er den Freund mit großer Ehre begraben, als sein Groll sich in höchste Kampfeswut (Raserei) verwandelte (als sein Groll ... verwandelt worden ist). 2. Sofort beschloss er, die an der Küste (am Strand) befindliche Flotte zu verlassen (sich von der ... zu entfernen), und er rief mit lauter Stimme: 3. „Nicht ungestraft, Hektor, grausamer Führer der Troianer, ist von dir mein Freund getötet worden. Ich werde dich vernichten. Bald werden alle Troianer merken, dass du von mir überwältigt worden bist." 4. Schnell kehrte Achill zu den Gefährten zurück und begann, mit Hektor zu kämpfen. Zunächst wurden von ihnen aus der Ferne die Lanzen geworfen, später wurden im Nahkampf die Schwerter gezogen. 5. Die Übrigen aber schauten diesen Zweikampf (diesen Kampf der beiden) an. Odysseus sagte: „Wie heftig gehen diese Männer aufeinander los (kämpfen ... miteinander)! Große Kampfeslust treibt sie an." 6. Doch Achill zeigte sich, da ihm von der Göttin Minerva geholfen wurde (Hilfe gegeben wurde), an Tapferkeit überlegen. Hektor wollte fliehen und wurde von Achill dreimal um die Mauern der Stadt Troia getrieben. 7. Dieser tötete ihn mit dem Schwert, sobald er ihn eingeholt hatte. Dann wurde der tote Hektor auf einem Pferd zum Lager der Griechen gebracht und sein Leichnam (Körper) täglich um das Grab des Patroklos geschleift (gezogen). So groß war Achills rasende Wut (Raserei). 8. Priamus aber war, nachdem er gehört hatte, dass <sein> Sohn getötet worden sei (ist) und dass die Feinde seinen Leichnam (Körper) so grausam behandeln, sehr traurig und zögerte nicht, zu den griechischen Führern zu gehen. 9. Nachts betrat er ihr Lager, traf Achill und wandte sich so an ihn: 10. „Achill, nicht als König, sondern als Vater bin ich zu dir gekommen. Denk an deinen Vater! Nimm Rücksicht auf die Liebe eines Vaters! Du lebst noch. Aber mir ist der Sohn durch ein hartes Schicksal geraubt worden. 11. Flehend bitte ich dich. Gib mir, bitte, seinen Leichnam (Körper) zurück! Ein Unrecht nämlich ist es, einen Toten nicht zu begraben. Meide den Zorn der Götter!" 12. Von Achill jedoch ist mit nicht heftigen Worten geantwortet worden: „Du, Priamus, bist zwar ein Feind, du regierst zwar das Volk der Feinde. Doch du hast mich an meinen Vater erinnert. Deshalb ehre ich dich auch als Vater. Aus freien Stücken (freiwillig) werde ich dir den Leichnam (Körper) <deines> Sohnes zurückgeben." 13. Schließlich brachte der Vater <seinen> toten Sohn in die Stadt zurück. Dies wurde von vielen beobachtet (gesehen), auch von Odysseus. Der dachte bei sich: „Wie gut, wie mild hat Achill gehandelt (<dies> gemacht)."

24 Streit um Achills Waffen

1. Achill hörte, obwohl er den Leichnam (Körper) des Hektor zurückgegeben hatte, dennoch nicht auf, mit aller Macht (Kraft) die Troianer anzugreifen, da er ja durch Patroklos' Tod sehr erschüttert (bewegt) war. 2. Schon belagerten die Griechen die ganze Gegend (alle Orte) rings um Troia, schon waren die Stadtmauern (die Mauern der Stadt) von ihnen umzingelt, schon hatte Achill begonnen, die Tore aufzubrechen, als plötzlich der Gott Apoll erschien. 3. Dieser war Achill nicht gewogen. Deshalb schoss er einen Pfeil auf ihn ab (warf er ... auf ihn) und traf seine Ferse schlimm. Und der gewaltige Mann stürzte (fiel) zu Boden (auf die Erde) und starb (ging aus dem Leben). 4. Sofort stürzten die Troianer, weil sie durch diese Hilfe des Gottes wiederum zum Kampf ermuntert (angetrieben) worden waren, aus der Stadt hervor gegen die Griechen. Diese wurden gehindert vorzurücken und in höchste Gefahr gebracht. 5. Sie wurden jedoch nicht von den Feinden besiegt. Alle kämpften nämlich mit großer Tapferkeit. Besonders Odysseus und Aias erwiesen sich als tapfer; beide fanden unter den Körpern der

Toten den Leichnam (Körper) des Achill und verteidigten <ihn> gegen die Kampfeswut (Raserei) der Troianer. 6. Diesen bestatteten die Griechen sehr ehrenvoll (mit großer Ehre) in einem Grab. Obwohl ein wenig später die Troianer in die Stadt zurückgedrängt und deren Tore wieder geschlossen worden waren, erfolgte kein Angriff (ist kein Angriff gemacht worden). 7. Denn im Lager der Griechen stritten sich Odysseus und Aias höchst erbittert (mit höchstem Eifer) untereinander mit Worten: „Wer von uns verdient <es> (ist würdig), die Waffen Achills zu bekommen?“ Richter sollten (mussten) dies entscheiden. Jeder sprach für sich. 8. Odysseus, der eine von ihnen <meinte>: „Ich verdiene sicherlich die Waffen des großen Mannes (bin sicherlich der Waffen ... würdig). Wie oft habe ich euch, ihr Griechen, früher durch meine Klugheit aus Gefahren gerettet, in die ihr gebracht worden wart! Wenn mir die Waffen des Achill nicht gegeben werden, werde ich euch nicht mehr helfen. Bald werdet ihr gewiss meine Hilfe <wieder> brauchen.“ 9. Aias, der andere von ihnen, <hielt dagegen>: „Ich halte es für sicher, dass ich diese Waffen verdiene (dieser Waffen würdig bin). Denn durch meine Kühnheit sind die Feinde oft geschlagen (überwältigt) worden.“ 10. Die Richter aber stimmten darin überein, dass Odysseus die Waffen des Achill verdiene (der Waffen ... würdig sei). Deshalb war Aias sehr erzürnt (wütend) und ging zum Strand, wo Schafe waren. 11. Plötzlich begann er, zu rasen (in Raserei zu sein) und kleine Schafe mit dem Schwert zu töten. Er glaubte nämlich, diese seien griechische Männer und unter ihnen sei Odysseus. 12. Doch sobald er von dieser Raserei <wieder> frei (befreit) war, merkte er, dass alle ihn verspotteten. 13. Da rief er mit lauter Stimme: „Wie kann ich mit einer so großen Schande <weiter>leben?“ Und sogleich tötete er sich mit dem Schwert.

25 Troias Ende

1. Die Griechen fragten Odysseus um Rat. Der gab ihnen, von der Göttin Minerva <dazu> aufgefordert, einen kühnen Rat. Sofort waren alle bereit, ihn zu befolgen (auszuführen). Gerne erledigten (machten) sie die Aufträge des Odysseus. 2. Sie bauten nämlich ein sehr großes hölzernes Pferd (ein hölzernes Pferd von ungeheuerer Größe); darin schlossen sie starke Männer ein, unter diesen auch Odysseus. Dieses mit großer Kunst gebaute Pferd stellten sie nachts am Strand auf. 3. Darauf schrieben sie: DIE DANAER GEBEN <ES> MINERVA ZUM GESCHENK. Darauf segelten die übrigen Griechen zur Insel Tenedos. 4. Am folgenden Tag sahen die Troianer, dass die Küste (der Strand) leer von Feinden war. Mit großer Freude (von großer Freude erfüllt) öffneten sie schnell die verschlossenen Tore, gingen aus der Stadt und betrachteten das gewaltige Pferd, das am Strand aufgestellt war. 5. Da erschien Sinon, einer der Griechen, und sagte den Troianern: „Ach, ich Elender! Ich bin von den griechischen Schiffen geflohen; Odysseus nämlich ist mein großer Feind (mir sehr feindlich gesinnt). Dieses Pferd, das am Strand zurückgelassen worden ist, ist ein Geschenk der Griechen für die Göttin Minerva. Die Griechen sind in die Heimat abgefahren (weggegangen).“ 6. Die Troianer durchschauten deren List nicht, sondern schenkten, obwohl sie von Kassandra und Laokoon <davor> gewarnt (gemahnt) worden waren, dennoch dem Sinon Glauben. 7. König Priamus befahl: „Reißt die Mauern ein! Zieht dieses Pferd in die Stadt! Freut euch über den Sieg, der uns von den Göttern geschenkt (gegeben) worden ist!“ 8. In der Tat wurde das Pferd in die Stadt gezogen. Odysseus aber, der mit <seinen> Begleitern in ihm verborgen war, sagte mit leiser (weicher) Stimme: „Hört, Soldaten! Die Troianer feiern durch unsere List getäuscht ein Fest. Weil sie sich über den Sieg freuen, singen und tanzen sie. Und ihre Gesichter sind sicherlich freudestrahlend (froh). 10. Aber ihr kennt dieses Wort: ‚Einmal wird die Stadt Troia zugrunde gehen.‘ Deshalb werden wir, wenn die Troianer weintrunken (mit Wein angefüllt) begonnen haben zu schlafen, sie überfallen. Bald werden wir den Krieg beenden.“ 11. Nachts stiegen (gingen) sie dann aus dem von Sinon geöffneten Pferd (hinaus) und besetzten alle Plätze (Orte) der Stadt; auch die übrigen Griechen drangen, nachdem sie heimlich von der Insel Tenedos mit Schiffen zurückgebracht worden waren, dorthin vor (ein). 12. Plötzlich zündeten sie von Raserei gepackt (angetrieben) die Gebäude an und griffen die aus dem Schlaf aufgeweckten Troianer an; gegen Männer, Frauen und Kinder zeigten sie sich hochmütig und grausam. 13. Sie verschonten weder die führenden Leute noch das Volk, niemand war vor ihren Gewalttaten sicher. Die Troianer wurden entweder getötet oder vertrieben. 14. Bald stand die ganze Stadt in gewaltigen Flammen (brannte durch ...). Die Griechen aber freuten sich über die Einnahme und Vernichtung Troias (über das eroberte und vernichtete Troia). Doch die Götter waren ihnen aus Zorn (von Zorn bewegt) nicht mehr gewogen.

26 Augenzeuge des Untergangs

1. „Während Troia in Feuer und Flammen stand (in mächtigen Flammen brannte), wurde in den engen Gassen der ganzen Stadt von uns heftig gekämpft; überall wurden Menschen, die aus dem Schlaf gerissen worden waren, entweder gefangen genommen oder getötet. 2. Unser ganzes Heer wütete in der Stadt. Wir stürmten zur Burg des Priamus, allen voran (vor allen) Agamemnon und Menelaos. Von diesen wurde Helena gesucht. Man hörte ihre Stimmen (ihre Stimmen wurden gehört): ‚Wo ist Helena? Wo ist Paris?' 3. Schließlich versuchten wir, auf die von Natur (durch die Natur des Ortes) gut befestigte Burg hinaufzusteigen und sie anzugreifen. Nachdem wir aber ganz oben angekommen waren, merkten wir, dass diese von den Troianern noch sorgfältig bewacht und tapfer verteidigt wurde. Aber bald wurden auch die, die dort Wache hielten (die Nachtwachen taten), von uns überwältigt. 4. Dann werden schnell die Tore aufgebrochen (zerbrochen), schnell wird die Burg erobert, schnell der Königssaal erreicht. Dort werden wir schon von König Priamus und seinen Gefährten erwartet. 5. Mit lauter Stimme ruft der König: ‚Habt Ehrfurcht vor einem alten Mann! Wie groß ist mein Unglück (wie unglücklich bin ich), da ich ja sehe, dass so viele <meiner> Kinder von euch überwältigt, die Söhne getötet, die Töchter in die Sklaverei verschleppt (weggeführt) werden. 6. Wenn ihr mich nicht schont (schonen werdet), werdet ihr von den Göttern einmal in große Not, ja in höchstes Unglück gebracht (werden). Nicht wenige von euch werden auf schreckliche Weise ums Leben kommen (des Lebens beraubt werden).' 7. Sofort stürzt Priamus uns mit gezogenem Schwert entgegen, doch er wird von Neoptolemos grausam getötet. 8. Bald wird hier von Menelaos seine Frau Helena gefunden, dort Kassandra, die Tochter des Königs und Seherin, mit Gewalt weggeschleppt. Von unseren Leuten (Von den Unsrigen) werden sogar die heiligen Bilder aus den Tempeln geraubt, die Burg wird völlig zerstört (die ganze Burg wird zerstört). 9. Plötzlich, während ich von den Mauern der Burg auf die unteren Teile der Stadt hinabschaue, was sehe ich <da>? 10. Eine nicht kleine Zahl Troianer sucht, von dort durch Flucht zu entkommen (sucht ... das Heil in der Flucht). Unter ihnen ragt ein großer und kräftiger Mann heraus. Von ihm wird ein Greis auf den Schultern getragen, ein Junge an der Hand geführt (gehalten). Ein wenig nach ihnen folgt eine Frau nach. 11. Einer <meiner> Gefährten <sagt>: ‚Wenn ich mich nicht täusche, heißt dieser starke Mann Äneas (wird ... genannt). Ich glaube, von ihm wird Anchises, sein Vater, auf den Schultern getragen, und Askanius, sein Sohn, an der Hand geführt (gehalten). 12. Diese Frau, die du nach ihnen erblickst, heißt Kreusa (wird Kreusa gerufen); sie ist die Frau des Äneas und eine Tochter des Königs Priamus. Diese werden alle von vielen Dienern beschützt (bewacht).' 13. Lange habe ich auf diese Troianer <hinab>geschaut (lange habe ich ... betrachtet). Plötzlich sind sie verschwunden. Ich habe gehört, dass sie schnell aus der überall in Brand gesteckten Stadt entkommen seien."

27 Flucht aus Polyphems Höhle

1. Nachdem die Griechen durch einen großen Angriff die Stadt der Kikonen erobert hatten, errangen (erwarben) sie über das Heer jener Feinde den Sieg. Dann brannten sie alle Teile jener Stadt nieder (zerstörten alle Teile ... durch Brand), bestiegen wieder ihre Schiffe und fuhren nach Ithaka <weiter>. 2. Doch sie segelten nicht weit entfernt von jener Insel durchs Meer, als sie plötzlich von einem heftigen Sturm überrascht (überfallen) wurden und beinahe alle ihre Schiffe zugrunde gingen. 3. Das Schiff aber, dem Odysseus voranstand, wurde mit wenigen anderen zur Insel der Kyklopen verschlagen. Die Kyklopen waren wilde Menschen von gewaltiger Körpergröße; sie hatten <nur> ein Auge mitten in der Stirn. Es war bekannt, dass sie auch Menschenfresser waren (dass sie auch die Körper von Menschen fraßen). 4. Dennoch bat Odysseus, sobald er mit zwölf seiner Gefährten jene Insel betreten hatte, den Kyklopen Polyphem, den Sohn des Poseidon, um Gastfreundschaft. 5. Dieser nahm Odysseus und seine Gefährten gerne in seine Höhle auf, dachte aber bei sich: „Wie angenehm wird mir der Verzehr (die Speise) dieser kümmerlichen Menschen sein!" 6. Zu Odysseus aber <sagte er>: „Sag mir den Namen, mit dem du von deinen Gefährten gerufen (bezeichnet) wirst!" Dieser antwortete: „Ich heiße ‚Niemand' (ich werde ‚Niemand' genannt)." 7. Plötzlich verschloss der Kyklop die Höhle mit einem gewaltigen Felsbrocken. Niemand konnte mehr <daraus> entkommen (entfliehen). Odysseus jedoch sah, dass Polyphem täglich zwei Gefährten gierig verschlang. 8. Da sprachen die Gefährten, die noch nicht verschlungen worden waren, in höchster Angst (von höchster Angst bewegt) Odysseus an: 9. „Odysseus, rette uns! Wir können diesem Barbar nicht Widerstand leisten. Wir sind ihm nämlich an Kräften nicht ebenbürtig. Auch wenn wir alle zusammen (gemeinsam) mit

ihm kämpfen (kämpfen werden), werden wir einen ungleichen Kampf kämpfen. Wenn du aber mit deiner Listigkeit (List) ihn zu besiegen versuchst (versuchen wirst), wirst du Erfolg haben (die Sache günstig ausführen). Deshalb besiege dieses Monster, bevor wir alle zugrunde gehen werden!" 10. Durch diese Bitten veranlasst, bot Odysseus den Wein, den er von jenem Priester der Kikonen erhalten hatte, dem Polyphem an (gab Odysseus ...). Der begann, mit großer Lust den Wein zu trinken. Bald lag er auf dem Boden unter seinen Schafen und schlief in der Höhle. 11. Sofort zerstörten die Griechen mit einem glühenden Pfahl das Auge des Polyphem. Dieser sprang, vor Schmerz aufgewacht (aufgeweckt), auf (erhob sich schnell) und schrie immer wieder (wieder und wieder) mit lauter Stimme: „Man bringt mich um! Man bringt mich um (Ich werde getötet ...)!" 12. Eine große Menge Kyklopen eilte zur Höhle. Sie fragten: „Wer bringt dich um (tötet dich)?" Jener <brüllte>: „Niemand!" Deshalb lachten sie und gingen weg, weil sie meinten, dass Polyphem scherze. 13. Dieser nahm den Felsbrocken, mit dem die Höhle verschlossen war, weg (beseitigte). Er wollte nämlich, dass <seine> Schafe hinausgehen. Odysseus hatte jedoch sich und die Gefährten unter den Schafen angebunden. So bemerkte der Kyklop nicht, dass sie mit den Schafen aus der Höhle entkamen (hinausgingen). 14. Schnell liefen die Griechen zum Strand und bestiegen sofort <ihre> Schiffe. Von dort rief ihr Führer: „Verkünde (melde), Polyphem, deinen Leuten (den Deinen), dass Odysseus dich geblendet hat, dass Odysseus dir eine solche Schlappe (eine so große Niederlage) zugefügt hat." 15. Polyphem schleuderte zornentbrannt einen großen Felsbrocken hinab ins Meer und hätte (hat) beinahe das Schiff des Odysseus zerstört.

28 Poseidons Zorn

1. Odysseus hatte, weil er dem Polyphem das Augenlicht geraubt hatte, den Zorn Poseidons, des Meeresgottes, in höchstem Maße (besonders) erregt. Dieser war nämlich der Vater des Polyphem. Deshalb begann er voller Hass <auf ihn> (in größtem Hass brennend) dem Odysseus überall Gefahren zu bereiten. 2. Bald kamen die Schiffe der Griechen zur Insel des Aiolos, des Gottes der Winde. Dieser nahm die Ankömmlinge (die Ankommenden) gerne in sein Haus auf und fragte Odysseus: 3. „Von welchem Geschlecht stammst du ab (bist du geboren)? In welcher Stadt lebst du oder welches Land bewohnst du? Über welche Menschen bist du König? Ich merke nämlich, dass du ein sehr angesehener Mann (ein Mann von großem Ansehen) bist." 4. Weil Odysseus sich (aber) über die Gastfreundschaft des Aiolos sehr freute, antwortete er sofort: „O Aiolos, ich will mit <meinen> Gefährten auf die Insel Ithaka zurückkehren, auf der ich König bin. Dort möchte (will) ich <meine> Frau Penelope und <meinen> Sohn Telemach wiedersehen, die schon zehn Jahre auf mich warten." 5. Darauf gab Aiolos dem Odysseus, als er abreiste (wegging), einen Sack, in dem er alle Winde außer dem Zephyr eingeschlossen hatte. Es war nämlich notwendig, dass die Schiffe der Griechen durch jenen Wind in Richtung Heimat (in die Heimat) getrieben wurden. 6. Deshalb forderte Odysseus von den Gefährten: „Haltet diesen Sack immer verschlossen!" Diese jedoch gehorchten, weil sie glaubten, dass der Sack mit Gold angefüllt sei, ihrem Herrn nicht, obwohl er sie heftig <dazu> aufforderte. 7. Denn aus Habgier (von Habgier veranlasst) öffneten sie, während Odysseus schlief, den Sack. Kaum war dieser geöffnet (geöffnet worden), als alle Winde aus ihm entkamen und einen großen Sturm erregten. 8. In düsterem Licht fürchteten die Griechen sehr um ihr Leben, da sie manchmal weder den Himmel noch das Meer erkennen konnten (erkannten). Schnell wurden ihre Schiffe zur Insel des Aiolos zurückgeworfen. 9. Doch dieser hielt diesmal (da) die Griechen unter Missachtung des Gastrechts (das Gastrecht missachtend) von seinem Gebiet fern. Er erkannte nämlich, dass der Zorn des Poseidon gegen Odysseus entbrannt war. 10. Endlich sahen Odysseus und seine Gefährten, als sie schon an der Rettung verzweifelten, in der Ferne ein Land im Meer (ein im Meer gelegenes Land). Sofort näherten sich diesem die Schiffe. 11. Dieses Land war die Insel der Laistrygonen. Dort versuchten die Griechen, weil sie nichts befürchteten (nichts befürchtend), ein Lager aufzuschlagen und ihre Kräfte durch kärgliche Nahrung wiederherzustellen. 12. Doch sobald sie die Insel betreten hatten, griffen plötzlich die Laistrygonen sie an: Sie waren nämlich Menschen von gewaltiger Körpergröße und Wilde, die, ebenso wie Polyphem, Menschenfleisch zu essen pflegten. 13. Deshalb zögerten sie nicht, mit den Griechen zu kämpfen, und errangen über sie, obwohl sie sich tapfer verteidigten, den Sieg. Sie töteten viele und verschlangen sie. Schließlich zerstörten sie die griechischen Schiffe mit Felsbrocken. 14. Odysseus jedoch ist mit einer kleinen Schar von Gefährten jenen Barbaren heil entkommen. Er wurde durch Athenes Freundschaft gerettet und

setzte seine Fahrt mit dem Schiff in seine Heimat fort (hörte nicht auf, ... in seine Heimat zu fahren). Aber (Dennoch) Poseidons großer Zorn gegen ihn hat nicht nachgelassen (ist nicht verschwunden).

29 Im Totenreich

1. Kaum war Odysseus dem Verderben auf der Insel der Laistrygonen entflohen, als er in eine andere große Gefahr gebracht wurde. Er musste nämlich den Hades aufsuchen, aus dem bisher <noch> kein Sterblicher (niemand der Sterblichen) zurückgekehrt war. 2. Jener Ort, wo Odysseus die Schatten der Toten treffen sollte (musste), war am Ende der Welt gelegen. Dorthin segelte er mit den Gefährten viele Tage. 3. Sobald er dorthin gelangt ist, opfert er sogleich und beschwört die Schatten von <ihm> vertrauten Menschen, dass sie aus den dunklen Gefilden (Orten) unter der Erde (gelegen) ans Licht kämen. 4. Tatsächlich erscheinen diese in großer Zahl (zahlreich). Zuerst kommt Teiresias, der Seher und ein sehr alter Mann (ein Mann von hohem Alter), und Odysseus sagt zu ihm: „Teiresias, sag mir, bitte, auf welchem Weg ich wohlbehalten in die Heimat zurückkehren kann!“ 5. Teiresias zeigt ihm den Weg und mahnt <ihn> besonders, dass sich seine Gefährten auf der Insel Thrinakia nicht an den Rindern des Gottes Helios vergreifen sollen (sich ... fernhalten sollen). 6. Darauf erscheint Antikleia, Odysseus' Mutter, aus der Finsternis. Sogleich spricht Odysseus sie an: „Geliebte Mutter, ich weiß nicht, ob meine Frau Penelope mir noch die Treue hält (mir gegenüber ... die Treue bewahrt).“ Diese aber verkündet <ihm>, dass Penelope unaufhörlich in Ithaka auf ihren Ehemann warte (nicht aufgehört habe, ... zu warten). 7. Dann fürchtet sich Odysseus auch nicht, in die Unterwelt hinabzusteigen. Da sieht er unter den Scharen der Toten plötzlich Agamemnon und er fragt ihn, warum er hier ein so unglückliches Leben verbringt. Dieser antwortet, dass er von seiner Frau Klytämnestra und deren Freund grausam ermordet (getötet) worden sei. 8. Auch Achill erblickt er unter den Schatten. Der fragt sofort Odysseus, was er hier wolle, ob er als Lebender oder als Toter in der Unterwelt sei. „Diese Orte <hier>“, sagt er, „sind so traurig, dass ich lieber bei den Lebenden ein Sklave als ein König unter den Toten sein will. Ich bitte dich, mich von hier fortzuführen.“ 9. Kurz darauf begegnet Aias dem Odysseus. Diesen hat er bei Troia in jenem Wettstreit besiegt, in dem es um die Waffen des Achill ging (gestritten wurde). Dieser tritt schnell schweigend aus seinem Blickfeld (wendet sich von seinem Anblick weg). So merkt Odysseus, dass jener auch jetzt noch von großem Hass erfüllt ist. 10. Schließlich nähern sich andere Toten dem Odysseus mit den Worten (und sagen): „Odysseus, höre, wie schlimm (schwer) böse Freier deine Frau und deine Freunde zu Hause bedrängen, wie sie überall Zorn und Hass erzeugen!“ Und sie fügen hinzu: „Weißt du etwa nicht, mit welchem Eifer <dein> Sohn Telemach den Vater überall sucht? Frau und Sohn brauchen deine Hilfe. 11. Deshalb eile in deine Heimat, damit jene Freier nicht dein Haus ganz verwüsten! Bitte die Göttin Athene, dass sie dir auch jetzt beisteht! Sicher wird sie dich aus dem Hades an die Oberwelt zurückführen.“ 12. Von dieser Nachricht erschüttert (völlig verwirrt) stieg Odysseus schnell mit der Hilfe der Göttin aus der Unterwelt zu den Gefährten hinauf und setzte mit ihnen die Fahrt zur Insel Ithaka fort (fuhr weiter).

30 Der Gesang der Sirenen

1. Die Griechen hielten schon von jenem dunklen Ende der Welt (der Länder) Kurs auf die Gegenden, die von der Sonne erhellt werden, als Poseidon sogleich fortfuhr, Odysseus seinen Hass spüren zu lassen (seinen Hass gegen Odysseus auszuüben). 2. Niemals nämlich hörte er auf, diesem den Untergang zu bereiten und die Griechen mit Gefahren zu bedrohen (zu umringen). Damals fasste er einen neuen schlauen Plan. Diesen überlegte er bei sich folgendermaßen: 3. „Ich lege alles darauf an, dass das Schiff dieses Menschen da durch die Winde zur Insel der Sirenen getrieben wird. Jene Mädchen (Jungfrauen) in Vogelgestalt (in Gestalt von Vögeln) singen so schön, dass alle, die sie hören, in sich den Drang verspüren (gezwungen werden), immer dort zu bleiben und in weichen Betten zu ruhen. Gegen diese <Wesen> nämlich kann kein Schutz gefunden werden. 4. So wird es mir gelingen, dass Odysseus bis ans Lebensende auf ihrer Insel festgehalten wird und dort für dieses Verbrechen an meinem Sohn gleichsam die Todesstrafe erleidet (mit der Todesstrafe versehen wird).“ 5. Am nächsten Tag segelten die Griechen nicht mehr weit entfernt von der Insel der Sirenen, als Odysseus <seine> Gefährten zusammenrief und zu ihnen sagte:
6. „Da ich schon vor vielen Tagen von der Göttin Circe auf die Gefahr der Sirenen aufmerksam gemacht worden bin (an die ... erinnert worden bin), weiß ich, von was für einem Unglück Menschen, die sie hören, nicht nur früher getroffen (überwältigt) worden sind, sondern auch jetzt

<noch> getroffen (überwältigt) werden. Deshalb werden wir allerhöchste Sorgfalt (höchste Sorge und Sorgfalt) anwenden. 7. Ich befehle euch jetzt, dass ihr eure Ohren mit Wachs verstopft, damit die Gesänge (Lieder) dieser Mädchen (Jungfrauen) da nicht von euch gehört werden. 8. Und ich verlange, dass ich von euch an den Mastbaum gebunden werde. So angebunden werde ich <es>, obwohl ich die Gesänge (Lieder) der Sirenen höre, dennoch wagen, an der Insel vorbeizusegeln. Und ich erlaube <es> euch nicht, dass ihr mich von den Fesseln befreit." 9. Sofort führten die Gefährten diese Anordnungen (Beschlüsse) aus. Schon näherten sich alle der Insel, schon spürte Odysseus die Anwesenheit der Sirenen, schon hörte er sie mit schmeichelnder Stimme so singen: 10. „Komm, Odysseus, zu uns! Bleib bei uns! Wenn du auf unsere Insel kommst (unsere Insel betrittst), wirst du erleben (sehen), mit was für Freuden du von uns täglich verwöhnt (erfreut) wirst. Auch wirst du verstehen, warum schon früher viele tapfere Männer bei uns geblieben sind." 11. Von der (so) großen Zauberkraft der Sirenen außer sich (sehr erregt) wandte sich Odysseus so an <seine> Gefährten: „Ich bitte <darum>, sofort von den Fesseln befreit zu werden. Ja ich fordere sogar energisch (heftig), von euch nicht <daran> gehindert zu werden, immer in dieser Gegend zu bleiben." 12. Doch die mit Wachs verstopften Ohren der Gefährten standen den Worten des Odysseus nicht offen. Sie hörten nichts, befolgten nichts und machten nichts. 13. Als sie an der Insel der Sirenen vorbeigesegelt waren, befreiten sie schließlich ihre Ohren von dem Wachs und Odysseus von den Fesseln, wie er <es> befohlen hatte. Auf diese Weise sind die Griechen auch dieser Gefahr heil entkommen.

31 Zwischen Skylla und Charybdis

1. Von wie großem Staunen (Bewunderung) Odysseus infolge der (durch die) Gesänge (Lieder) der Sirenen ergriffen war (versehen war) und wie sehr er vom Verlangen nach jenen Frauen entbrannt war, konnten seine Gefährten <noch> lange spüren (spürten ... lange). 2. Denn, weil ihm der Zugang zur Insel der Sirenen verschlossen war, war er so zornentbrannt (brannte er in so großem Zorn), dass er überhaupt nichts (keine Sache) <mehr> unternehmen wollte. Ihn hatte gleichsam Gelähmtheit befallen. 3. Doch während die Gefährten um Odysseus herumstanden und überlegten, auf welche Weise sie ihn <dazu> bewegen könnten, die Fahrt in die Heimat wieder fortzusetzen, brach plötzlich ein Sturm los (wurde plötzlich ... gemacht). 4. Dieser war so stark (heftig), dass das Meer durch gewaltige Wogen sehr aufgewühlt (erregt) wurde. Deshalb ist das Schiff der Griechen schnell zu einer solchen Engstelle getrieben (herangeführt) worden, dass sie zwischen zwei großen Gefahren hindurchsegeln mussten (gezwungen waren hindurchzusegeln). 5. Dort nämlich drohten zwei sehr schreckliche Ungeheuer den Schiffen. Auf der (Von der) linken Seite war ein Fels so von Dunkelheit eingehüllt, dass hier niemals Sonnenlicht erblickt werden konnte. 6. An diesem dunklen Ort lauerte Skylla (war Skylla verborgen), ein Ungeheuer mit sechs Köpfen; mit diesen hinderte sie die Seeleute <daran>, durch die Engstelle hindurchzufahren. 7. Auf der (Von der) rechten <Seite> tobte die Charybdis, ein schlimmes Ungeheuer; weil bekannt war, dass dieses immer das ganze Wasser einsaugte und es <dann> wieder ausspie, verursachte (machte) es gewaltigen Schrecken. 8. Obwohl aber viele behauptet hatten, dass kein Mensch früher heil durch diese Engstelle gesegelt sei, nahm Odysseus dennoch, ohne zu zögern, diese Gefahr auf sich. 9. Sofort befahl er <seinen> Gefährten, dass sie nicht zögern sollten, alle Kräfte einzusetzen (anzuwenden). Diese trieben, obwohl sie große Furcht befallen hatte, das Schiff mit den Rudern schnell durch das Wasser. 10. Doch eine hohe Woge warf das Schiff zur Charybdis hin. Diesem Ungeheuer waren die Griechen kaum entgangen (hatten ... kaum gemieden), als die Skylla so schnell und mit so großer Macht (Gewalt) aus <ihrem> Felsen herausschoss (herausging), dass das Schiff in die Höhe geschleudert (hochgehoben) wurde und beinahe zerschellte (zerbrochen wurde). 11. Dieser gelang es, dass sie mit ihren sechs Köpfen sechs Gefährten packte (ergriff) und verschlang. 12. Schon gaben die übrigen Griechen die Hoffnung auf. Da jedoch die Göttin Athene sich auch da als Behüterin (Wächterin) ihres Freundes gezeigt hatte, entkamen Odysseus und die übrigen Gefährten einer solchen und so großen Gefahr wohlbehalten. 13. Bald dachten sie, als sie wiederum bei hellem Licht durchs Meer segelten, voll Freude (fröhlich) an ihre Ankunft in Ithaka.

32 In Kalypsos Armen

1. Das Schiff der Griechen, durch die hohen Wogen <bereits> so beschädigt (verdorben), fuhr nicht lange durchs Meer, als es wiederum von einem so gewaltigen Sturm heimgesucht (ge-

schlagen) wurde, dass es völlig zerbrach. 2. Da wurden alle Gefährten des Odysseus kopfüber ins Meer geschleudert und kamen um. Auch Odysseus wäre mit diesen in die Tiefe des Meeres gerissen worden, wenn er nicht entschlossen den Mastbaum des Schiffes ergriffen und festgehalten hätte. 3. So benutzte er diesen Mastbaum gleichsam wie ein kleines Schiff (wendete ... an) und, indem er darauf saß (darauf sitzend), hütete er sich <davor>, dass er von den Wogen ergriffen und getötet wurde.4. Den Mastbaum jedoch mit bloßen Händen durch das Wasser bewegend (treibend), gelangte er nach neun Tagen zur Insel Ogygia, wo Kalypso, eine berühmte Göttin und schöne junge Frau, wohnte. 5. Diese begann sofort, sich in Odysseus zu verlieben (... zu lieben) und <ihn> mit allen Verlockungen (Vergnügen) der Liebe zu erfreuen. Immer reichte sie ihm gute Speisen und viele Becher Wein. 6. So führte Odysseus ungefähr sieben Jahre lang ein süßes Leben. Aber er spürte, dass er nicht glücklich war. Inzwischen wurde er immer mehr von Heimweh (von der Sehnsucht nach der Heimat) geplagt (bewegt). 7. Mit seinem Los nicht zufrieden saß er einmal traurig am Strand und überlegte sich dieses im Herzen: 8. „Wenn ich damals nicht mit den übrigen Königen nach Troia gezogen (geeilt) wäre, hätte ich niemals <meine> Heimat verlassen. Wenn jedoch die Troianer uns Griechen besiegt hätten, könnte ich überhaupt nicht zu meiner Familie (den Meinen) zurückkehren. 9. Wenn nicht Athene, meine Freundin, mir immer helfen würde, wäre ich sicher schon zu Tode gekommen (vom Tod überwältigt worden). 10. Außerdem würde ich sicher nicht immer gezwungen, neue Gefahren auf mich zu nehmen, wenn Poseidon aufhörte (aufhören würde), mich mit seinem Hass zu verfolgen (vor Hass gegen mich zu brennen). 11. Doch nun will ich von dieser Insel verschwinden und schnell zu meiner Familie (den Meinen) zurückkehren. Auch wenn Kalypso mir ein Leben ohne Krankheiten, ja sogar die Unsterblichkeit verspräche (in Aussicht stellen würde), würde ich nicht länger hier bleiben. Deshalb werde ich keine Gelegenheit zur Rückkehr verstreichen lassen.“ 12. Sofort wandte er sich mit Gebeten an die Götter. Diese waren ihm gewogen. Von Zeus nämlich wurde Kalypso durch Hermes aufgefordert, Odysseus von der Insel fortgehen zu lassen (zu entlassen). 13. Darüber (Über diese Sache) sehr erschrocken redete Kalypso ihn mit trauriger Miene so an: „Mein Freund, ich glaubte, dass du bei mir glücklich bist. Doch du willst, wie ich hörte, von mir weggehen. Das gefällt mir zwar nicht. Aber ich werde dich nicht hindern, sondern dir <dabei> helfen. 14. Also wende deine Kunst an! Bau (Mach) ein Floß, das dich über das Meer tragen wird! Anders wirst du meine Insel nicht verlassen können. Ich werde dir Proviant machen (bereiten).“ 15. Sogleich baute (machte) Odysseus ein Floß und sagte: „Leb wohl, Kalypso!“ Dann vertraute er sich den Winden und der Gunst der Götter (den gewogenen Göttern) an.

33 Am Hof des Phäakenkönigs

1. Poseidon merkte, dass Odysseus auf einem Floß übers Meer getragen wurde. Sofort befahl er, da er ihm niemals verzieh, dass er seinem Sohn Polyphem Gewalt angetan (beigegebracht) hatte, dass wiederum ein Sturm mit großer Macht (Gewalt) tobte. 2. Dieser Sturm war so heftig, dass das Floß unter den (durch die) gewaltigen Wogen völlig zerbrach und Odysseus höchster Schrecken eingejagt (beigebracht) wurde. Der betete mit lauter Stimme zu der Göttin, die ihm immer Hilfe brachte: 3. „Rette mich, Athene, aus dieser Katastrophe (aus diesem Unglück)! Sicher werde ich umkommen, wenn du mir nicht hilfst (helfen wirst).“ Ein wenig später wurde er durch die Hilfe der Göttin an den Strand der Insel der Phäaken getrieben (gebracht). 4. Dort legte er sich von den vielen Anstrengungen erschöpft auf den Boden zum Schlafen nieder (gab er sich ... der Ruhe <hin>). Am folgenden Morgen ereignete es sich, dass eine Schar Mädchen dorthin kam. Unter ihnen war Nausikaa, die Tochter des Königs der Phäaken. 5. Als aber die Mädchen vorhatten, Ball zu spielen, erwachte Odysseus aus dem Schlaf (wurde Odysseus ... aufgeweckt). Sogleich bedeckte er <seinen> nackten Körper mit Zweigen und wandte sich an die Mädchen mit folgenden (diesen) Worten: 6. „Hört, Mädchen! Von Herzen bitte ich euch, dass ihr mir helft (Hilfe bringt). Ich habe nämlich viel Schlimmes (viele widrige Dinge) ertragen.“ 7. Sofort unterbrachen diese das Spiel. Nausikaa rief: „Dieser Mann ist nicht verdächtig (erregt keinen Verdacht). Deshalb bringt ihm Kleidung!“ Dann führte sie Odysseus in den Königssaal. 8. Dort wurde er vom König Alkinoos und von der Königin Arete sehr ehrenvoll (mit großer Ehre) empfangen und zum Gastmahl eingeladen. 9. Während sie speisten, sagte Alkinoos: „Sag, <mein> Gast! Wer (von den Menschen) bist du? Es gehört sich nämlich, dass ein Gast mit seinem Namen angesprochen wird.“ 10. Dieser antwortete: „Ich bin Odysseus, König auf der Insel Ithaka.“ Dann <sagte> Alkinoos:

„Wie sehr freuen wir uns, dass ein so berühmter Mann bei uns ist! 11. Einige nämlich berichten, dass du dich von den Übrigen so durch Klugheit unterscheidest und die Königsherrschaft mit so großer Gerechtigkeit innehast (hältst), dass du überall mit großen Worten gelobt wirst. O Odysseus, berichte uns, bitte, warum du an den Strand dieser Insel gelangt bist!" 12. Darauf erzählte Odysseus unter Tränen Folgendes: „Ich gehörte zu der Zahl derer (ich war in ...), die nach Troia gefahren sind, es erobert und zerstört haben. Nachdem ich mich aber mit meinen Gefährten auf den Weg zurück in die Heimat gemacht habe (ich begonnen habe, ... zurückzukehren), habe ich viele und große Gefahren auf mich genommen. 13. Alle Gefährten sind entweder von Ungeheuern oder von Barbaren getötet worden. Ich allein bin gerettet und von einem so großen Sturm überwältigt worden, dass ich zu deinem Land getrieben wurde. 14. Immer strenge ich mich mit ganzem Eifer an, in die Heimat zurückzukehren, wo fast zwanzig Jahre lang <meine> Frau Penelope und <mein> Sohn Telemach mich erwarten. 15. Ich habe gehört, dass zu Hause inzwischen zahlreiche Freier durch übermäßige Dreistigkeit (Frechheit) den Frieden zerstören (verwirren). Und ich fürchte, dass sie schon einen großen Teil meines Vermögens verprasst haben. Diese schlimmen Menschen da will ich bestrafen (mit einer Strafe versehen) und <meine> Heimat friedlich machen." 16. Als sie dieses gehört hatten, war Alkinoos sofort bereit, Odysseus zu helfen. Er gab ihm viele Geschenke und befahl, dass ein Schiff bereitgestellt werde (vorbereitet werde), damit er in die Heimat gebracht werde.

34 Begegnung mit Telemach

1. Nachdem das Schiff bereitgestellt worden war (vorbereitet worden war), brachten die Phäaken Odysseus nachts nach Ithaka (hinüber). Als sie am Strand gelandet waren, legten sie dort ihn, während er <noch> schlief, und die Dinge, die ihm Alkinoos geschenkt hatte (zum Geschenk gegeben hatte), nahe beim Hafen in den Sand. 2. Am folgenden Morgen, als er aus dem Schlaf erwachte (aufgeweckt worden war), zeigte sich ihm Athene und verwandelte ihn in einen vom Alter geschwächten Bettler. Dann befahl sie, dass er sich zu Eumaios, <seinem> ihm immer treuen Sklaven, begeben solle. 3. Dieser nimmt den Bettler gerne in seine Hütte auf und bietet ihm wie einem Gast Wein und gute Speise an. Während sie speisen, wird Odysseus von Eumaios gefragt, wer er sei. Dann erzählt er: 4. „Ich bin auf Kreta geboren. Mit den Griechen habe ich Troia erobert und bin, nachdem jene Stadt durch einen Brand zerstört worden war, nach Griechenland zurückgekehrt. 5. Bei Troia habe ich auch vieles über Odysseus, den König dieser Insel, gehört. Man berichtet, dass dieser dort die Übrigen an Begabung und Erfahrung übertroffen habe. Ich weiß auch, dass er, nachdem <von ihm> Taten mit großer Tapferkeit vollbracht (ausgeführt) worden waren, schon vor vielen Jahren in <seine> Heimat gefahren ist." 6. Da <sagte> Eumaios: „Odysseus ist noch nicht angekommen. Wir brauchen jedoch seine Hilfe sehr. Denn im Königssaal tobt eine Schar von Freiern in allzu großer Fröhlichkeit und verprasst alle Vorräte. 7. So hören jene auch nicht auf, das launische (wankelmütige) Volk durch ihre schlechten Sitten zu verwirren und die Menschen durch Neid gegeneinander aufzuhetzen (anzutreiben). Niemand wagt, sich jenen trotz höchst ungerechter Behandlung (, obwohl höchstes Unrecht empfangen worden ist, dennoch ...) zu widersetzen. 8. Laertes jedoch, Odysseus' Vater, ist schon lange aufs Land (auf die Äcker) geflohen, wo er allzu harte Arbeiten verrichten muss. Ja, ich habe sogar neulich erfahren, dass diese Barbaren da Telemach, den Sohn des Odysseus, töten wollen. Wann wird endlich unser Herr uns zu Hilfe kommen?" 9. Nachdem er diese Dinge gehört hat (Nachdem ... gehört worden sind), ist Odysseus sehr zornig, aber er schweigt. Plötzlich aber erscheint Telemach. Nach dem Verlassen von Sparta (Nachdem Sparta verlassen worden war,) ist dieser schnell nach Ithaka zurückgekehrt. 10. Er begrüßt Eumaios herzlich (von <ganzem> Herzen), auch dem Gast erweist er große Ehre. Eumaios eilt sofort voller Freude (fröhlich) zum Königssaal, um Penelope von der Rückkehr <ihres> Sohnes zu berichten. 11. Inzwischen gibt die Göttin Athene Odysseus seine frühere Körpergestalt wieder. Durch diese Verwandlung des Greises sehr erschreckt, glaubt Telemach, dass dieser ein Gott sei. 12. Dieser aber sagt: „Telemach, ich bin Odysseus, dein Vater. Nach zwanzig Jahren bin ich zu euch zurückgekehrt. Niemals wollte ich euch im Stich lassen. Doch nach dem Willen der Götter bin ich so lange über die Meere geirrt. Sieh! Diese verschiedenen Sachen, mit denen mich der König der Phäaken beschenkt hat, habe ich dir mitgebracht." 13. Sogleich umarmte der Sohn seinen Vater. Beide weinten vor großer Freude. Darauf fassten sie einen Plan, auf welche Weise sie die Freier im Königssaal überwältigen könnten.

35 Ein ungewöhnliches Wiedersehen

1. Am folgenden Morgen begab sich Telemach auf Veranlassung seines Vaters an den Königshof. Wenige Stunden später, als die Sonne schon brannte, machten sich auch Eumaios und zugleich der Bettler dorthin auf den Weg (gingen ... weg). 2. Während sie aber durch die Dörfer zogen (den Weg machten), begegnete Odysseus vielen, die früher seine Sklaven gewesen waren. 3. Von diesen erfuhr er, dass fast alle Bürger der Insel sich nicht mehr an ihren König erinnerten, sondern nun neuen Herren zugetan (gewogen) waren. 4. Ja einige verachteten sogar die beiden alten Männer und beschimpften sie. Und einer rief, während viele zuhörten: „Schaut! Was für ein schmutziger Sauhirt, was für ein armer Bettler!" 5. Odysseus aber unterdrückte <seinen> Zorn. Bald gelangten beide bei Sonnenuntergang (während die Sonne unterging) an den Königshof. Dort leuchtete aus allen Fenstern des Gebäudes das Feuer der Fackeln. Denn im Königssaal feierten zahlreiche Freier ein Fest. 6. Plötzlich erblickt Odysseus einen Hund, der neben dem Tor auf einem Misthaufen liegt. Der hebt, als der Bettler sich nähert, schnell den Kopf und versucht, gleichsam freudig erregt (mit Freude versehen) sich zu erheben. Doch er jault nur mit schwacher (kleiner) Stimme, da ihm, der vom Alter schwach ist, die Kräfte fehlen, und stirbt (hört auf zu leben). 7. Nach dem Tod des Hundes weint Odysseus heimlich. Er hat nämlich gemerkt, dass Argos, <sein> alter, treuer Hund, seinen Herrn <wieder>erkannt hatte. 8. Darauf sitzt Odysseus, während die Freier beim Mahl mit lauter Stimme singen und allzu fröhlich (mit allzu großer Fröhlichkeit) herumtoben, schweigend auf der Schwelle <seines> Hauses. Eumaios wendet sich mit folgenden Worten an ihn: 9. „Ach, wir Elenden! Diese Menschen benehmen sich wie Barbaren (zeigen sich als Barbaren). Es geht (ist) das Gerücht, dass von ihnen alle Vorräte an Getreide und Wein völlig aufgebraucht worden sind. Bald werden wir nicht genug Lebensmittel haben (Bald werden wir nicht genug von den Dingen, die zum Leben notwendig sind, haben). 10. Schon besteht (ist) die Gefahr, dass es bei drückender Not (während der Mangel drückt) zu einem Aufstand unter allen kommt (ein Aufstand ... bewegt wird) und dass die Armen mit den Reichen zu kämpfen beginnen. Zu Lebzeiten unseres Königs war auf der Insel Ithaka immer Frieden." 11. Obwohl Eumaios die Freier so heftig anklagt, schweigt Odysseus dennoch weiter (fährt Odysseus dennoch fort zu schweigen). Bei sich aber denkt er: „Bald werden diese Barbaren da für ihre Verbrechen schwer bestraft werden (mit schwerer Strafe versehen werden)." 12. Da erschien Penelope in einem goldenen Kleid (mit ... angezogen) und näherte sich dem Bettler. Dieser betrachtete die Schönheit der Frau mit großer Bewunderung.

36 Der Wettkampf mit den Freiern

1. Penelope pflegte alle Gäste sehr ehrenvoll (mit großer Ehre) zu behandeln (zu ehren). Deshalb machte sich auf ihre Veranlassung Eurykleia, <ihre> hochbetagte Dienerin (... von großem Alter) daran, die Füße des Bettlers zu waschen (hatte vor, ... zu waschen). 2. Kaum hatte dieser seine Füße von der Kleidung entblößt, als jene die alte Narbe des Odysseus erblickte. Geschockt (Heftig erschrocken) und mit zitternden Händen sagte sie: „Endlich bist du zu uns zurückgekehrt, mein Herr. Wie bin ich froh!" 3. Sofort deutete Odysseus ihr an (riet ihr), dass sie schweigen solle, und befahl nach Erwähnung seines Planes (nachdem sein Plan erwähnt worden war), dass sie ihm tags darauf helfen solle (Hilfe bringen solle). 4. Nachdem die Nacht vergangen war, brachte Penelope persönlich, weil sie jede Hoffnung aufgegeben hatte (weil jede Hoffnung aufgegeben worden war), die Waffen des Odysseus, den Bogen und die Pfeile, in die Halle des Königspalastes. 5. Dort waren gerade an diesem Tag, da die Göttin Luna mit Liedern auf ganz Ithaka gefeiert wurde, die Tische reichlich mit Speisen gedeckt (hatten Überfluss an ...); überall waren herrliche Gefäße aufgestellt, an den Wänden schöne Bildtafeln (Gemälde) befestigt worden. 6. Dann sagte Penelope mit lauter Stimme, während die Freier schon mit Vergnügen speisten, Folgendes: „Wer von euch diesen Bogen spannen und einen Pfeil abschießen (schicken) kann (können wird), dessen Frau werde ich sein." 7. Nach diesen Worten (Nachdem diese Worte gehört worden waren) verlangten die Freier in Hochstimmung (die von großer Fröhlichkeit herausgehoben worden waren), sofort an diesem Wettkampf teilzunehmen. Aber alle versuchten trotz Aufbietung der höchsten Kräfte (obwohl höchste Kräfte angewendet worden waren) vergeblich, den Bogen zu spannen. 8. Unerwartet verlangt da der Bettler, der sich weit weg von den Tischen niedergesetzt hat, die Waffen. Er nimmt den Bogen in die Hand, spannt ihn leicht und schießt (schickt) einen Pfeil über die Köpfe der Freier hinweg, wobei alle mit großem Staunen zuschauen. 9. Die Freier aber speisen, obwohl sie durch diese Verwandlung

des Bettlers aus der Fassung gebracht (sehr verwirrt) sind, dennoch fröhlich weiter. Antinoos, der die Übrigen an Frechheit übertrifft, streckt gerade seine Hand nach dem Becher aus, als der Bettler einen Pfeil auf ihn abschießt (schickt) und <damit> seinen Hals durchbohrt. Dieser fällt sofort zu Boden (zur Erde). Den Übrigen fährt der Schrecken in die Glieder (wird Schrecken zugefügt). 10. Inzwischen haben Eumaios, Eurykleia, Telemach und die wenigen Freunde, die als Wache (der Bewachung wegen) um die Halle herumstehen, die Tore geschlossen. Dann erhebt sich Odysseus und wendet sich so an die Freier: 11. „Ihr Hunde, habt ihr etwa geglaubt, dass ihr straflos meinen großen Reichtum (Schätze und Reichtum) verprassen und, während ich noch lebe (zu meinen Lebzeiten), meine Frau verlangen könnt? Ihr habt gegen den Willen der Götter gehandelt. Also werde ich, Odysseus, selbst euch nun vernichten. Zeigt, wie tapfer ihr seid (von welcher Tapferkeit ihr seid)!“ 12. Schnell eilen die Freier, da <ihnen> Unheil droht, zu ihren Waffen, aber diese sind vorher weggetragen worden. Da greifen jene zusammen Odysseus an; von ihm werden alle, einer nach dem anderen, mit einem Pfeil getötet. 13. Schließlich wendet sich Odysseus an die Seinen: „Niemandem ist es erlaubt, sich über den Tod der Freier zu freuen. Durch ihre eigenen Verbrechen haben diese sich selbst zum Tode verurteilt.“ 14. Über die Rückkehr <ihres> Königs aber waren alle froh. Nur die Königin selbst zögerte <noch>, sich zu freuen. Sie konnte nämlich nicht glauben, dass dieser Bettler Odysseus, ihr Mann, sei. 15. Da verwandelte die Göttin Athene diesen wieder zu einem durch Schönheit und Kräfte auffallenden (hervorragenden) jungen Mann. Und so machte sie auch Penelope sehr glücklich. 16. Nach diesen Geschehnissen (Nachdem diese Dinge ausgeführt waren,) kehrte der Frieden, der von allen erhofft war, auf die Insel Ithaka zurück und Odysseus hatte dort <noch> lange reichlich Macht und Ansehen (blühte ... durch Macht und Ansehen).

6 „Audite, puellae! Ex animo vos rogo, ut mihi auxilium feratis. Multas enim res adversas pertuli."

7 Statim eae ludum📖 interruperunt. Nausicaa clamavit: „Hic vir suspicionem non movet. Proinde ferte ei vestem📖!" Tum Ulixem in aulam📖 regiam duxit.

8 Ibi ab Alcinoo* rege et ab Arete* regina magno cum honore receptus et ad cenam invitatus est.

9 Dum cenant, Alcinous dixit: „Dic, hospes! Quis hominum es? Hospitem enim suo nomine appellari opportet."

10 Is respondit: „Ulixes sum, rex in insula Ithaca*." Tum Alcinous: „Quantopere gaudemus virum tam nobilem apud nos esse!

11 Nonnulli enim ferunt te ita a ceteris prudentia differre et regnum tanta cum iustitia tenere, ut ubique magnis laudibus efferaris. O Ulixes, refer nobis, quaeso, quare ad litus huius insulae perveneris!"

12 Deinde Ulixes cum lacrimis haec narravit: „Fui in numero eorum, qui Troiam* petiverunt et expugnaverunt et deleverunt. Postquam autem cum sociis meis in patriam redire coepi, multa et magna pericula subii📖.

13 Cuncti socii aut a monstris📖 aut a barbaris caesi sunt. Ego solus servatus tempestate tam ingenti oppressus sum, ut ad terram tuam deferrer[5].

14 Semper omni studio in patriam redire tendo, ubi viginti fere annos Penelopa* coniunx et Telemachus* filius me exspectant.

15 Domi📖 interim procos📖 frequentes nimia audacia pacem perturbare audivi. Et timeo, ne[6] iam magnam partem rei familiaris[7] meae consumpserint📖. Istos homines malos poena afficere et patriam pacare[8] volo."

16 Quae cum audivissent, Alcinous statim paratus erat Ulixi auxilium dare. Ei multa dona praebuit et navem parari iussit, ut in patriam ferretur.

[5] deferre (defero, detuli, delatum; hier): hintreiben [6] timere, ne: fürchten, dass [7] res familiaris: Vermögen
[8] pacare (hier): friedlich machen

34 Begegnung mit Telemach

i Telemach war bei Odysseus' Aufbruch nach Troia noch ein Säugling. Zum jungen Mann herangewachsen, zog er auf Anraten der Athene (*lat.* Minerva) aus, um den Vater zu suchen. Er allein konnte nämlich nichts gegen die wachsende Zahl der Freier ausrichten, die seine Mutter immer mehr bedrängten. Telemach war bei Nestor in Pylos und bei Menelaos in Sparta. Dieser konnte ihm Hoffnung machen. Als die Freier ihm bei der Rückkehr an der Küste auflauerten, rettete ihn Athene.

1 Nave parata Phaeaces* Ulixem* nocte in Ithacam* traicerunt. Ibi, cum navis ad litus appulsa esset, eum dormientem et eas res, quas ei Alcinous* dono dederat, prope[1] portum in arena[2] posuerunt.

2 Postero mane, cum e somno excitatus esset, ei Minerva* se ostendit eumque in mendicum aetate confectum[3] mutavit. Tum eum ad Eumaeum*, servum ei semper fidum, se conferre iussit.

3 Qui mendicum in casam suam libenter recipit eique tamquam hospiti vinum et cibum bonum offert. Dum cenant, Ulixes ab Eumaeo interrogatur, quis sit. Tum narrat:

4 „In Creta* natus sum. Cum Graecis* Troiam* expugnavi et illa urbe incendio deleta in Graeciam* redii.

5 Apud Troiam etiam multa de Ulixe, rege huius insulae, audivi. Eum ibi ceteris et ingenio et usu praestitisse ferunt. Et rebus[4] magna cum virtute gestis eum iam ante multos annos patriam petivisse scio."

6 Tum Eumaeus: „Ulixes nondum advenit. Sed nobis auxilio eius valde opus est. Nam in aula regia turba procorum nimia alacritate saevit et omnes copias consumit.

7 Ita illi neque vulgus mobile moribus malis perturbare neque homines invidia inter se incitare desinunt. Nemo illis summa iniuria accepta tamen resistere audet.

8 Laertes* autem, pater Ulixis, iam diu in agros profugit, ubi operas nimis duras conficere debet. Quin etiam istos barbaros Telemachum*, filium Ulixis, interficere velle nuper comperi. Quando tandem dominus noster nobis auxilio veniet?"

9 Quibus rebus auditis Ulixes valde iratus est, sed tacet. Subito autem Telemachus apparet. Qui Sparta* relicta cito in Ithacam* rediit.

10 Eumaeum ex animo salutat, etiam hospiti magnum honorem tribuit. Eumaeus statim laetus in aulam regiam properat, ut Penelopae* de reditu filii referat.

[1] prope (*m. Akk.*): nahe bei [2] arena, -ae: Sand [3] confectus, -a, -um: geschwächt [4] res, rei *f* (hier): Tat

11 Interim Minerva dea Ulixi priorem corporis formam reddit. Qua commutatione[5] senis perterritus Telemachus eum deum esse putat.
12 Is autem dicit: „O Telemache, ego Ulixes sum, pater tuus. Post viginti annos ad vos redii. Numquam vos deserere volui. Sed voluntate deorum tam diu per maria erravi. Vide! Has res varias, quibus me rex Phaeacum donavit, tibi attuli."
13 Protinus filius patrem manibus complexus est[6]. Ambo magno gaudio affecti lacrimas dederunt. Deinde consilium ceperunt, qua ratione procos in aula regia opprimere possent.

[5] commutatio, -onis *f.*: Verwandlung [6] manibus complexus est: er umarmte

UND HEUTE?
„Endlich habe ich mein *Ithaka* erreicht."
Endlich bin ich dort angekommen, wo ich hingehöre.

35 Ein ungewöhnliches Wiedersehen

i Odysseus' Plan setzte auf die Überraschungstaktik. Niemand außer Telemach sollte wissen, wer er war. Auch nicht Eumaios, der vielleicht aus übergroßer Freude etwas verraten hätte. Wie anders hätten Vater und Sohn eine Chance, sich gegen die Übermacht der Freier zu behaupten? Denn diese waren junge, starke und waffenkundige Männer. Odysseus wollte also, wiederum von Athene zum Bettler verwandelt, in seinen Königspalast zurückkehren. Doch nicht allen sollte die Ankunft des Herrn verborgen bleiben.

1 Postero mane Telemachus* patre auctore se in aulam regiam contulit. Paucis horis post sole iam ardente Eumaeus* simulque mendicus eo discesserunt.
2 Dum autem per vicos iter faciunt, Ulixes* multis occurrit, qui prius servi eius fuerant.
3 Ab eis comperit omnes fere cives insulae immemores[1] regis sui esse, sed nunc novis dominis favere.
4 Quin etiam nonnulli duos senes despexerunt eisque maledixerunt[2]. Et unus multis audientibus clamavit: „Ecce! Quam sordidus[3] subulcus[4], quam miser mendicus!"
5 Sed Ulixes iram re-pressit. Mox ambo sole occidente ad aulam regiam pervenerunt. Ibi ex omnibus aedificii fenestris ignis facium[5] lucebat[6]. Nam in aula regia proci frequentes diem festum agebant.
6 Subito Ulixes canem iuxta portam in stercore[7] iacentem conspicit. Qui mendico appropinquante cito caput tollit et quasi gaudio affectus surgere temptat. Sed, cum eum aetate infirmum vires deficiant, parva tantum voce eiulat[8] et vivere desinit.
7 Cane mortuo Ulixes clam lacrimas dat. Sensit enim Argum*, canem veterem et fidum, dominum suum cognovisse.
8 Deinde procis inter cenam magna voce canentibus et nimia alacritate saevientibus Ulixes tacens in limine[9] domus sedet. Eumaeus eum his verbis adit:

[1] immemorem esse (*m. Gen.*): sich nicht erinnern (*an*) [2] maledicere (maledico, maledixi, maledictum; *m. Dat.*): beschimpfen [3] sordidus, -a, -um: schmutzig [4] subulcus, -i: Sauhirt [5] fax, facis *m*: Fackel [6] lucere: leuchten [7] stercus, -oris *m*: Mist, Misthaufen [8] eiulare: jaulen [9] limen, -inis *n*: Schwelle

9 „Heu nos miseros! Hi homines se barbaros praestant. Fama est ab eis omnes copias frumenti et vini plane minutas esse. Mox nobis non satis rerum ad vitam necessariarum erit.

10 Iam periculum est, ne inopia premente seditio inter omnes moveatur et pauperes cum divitibus pugnare incipiant. Rege nostro vivo in insula Ithaca* semper pax erat."

11 Eumaeo tam acriter procos accusante tamen Ulixes tacere pergit. Secum autem cogitat: „Mox isti barbari gravi poena criminum suorum afficientur."

12 Tum Penelopa* veste aurea induta[10] apparuit et mendico appropinquavit. Qui pulchritudinem mulieris magna cum admiratione aspexit.

[10] indutus, -a, -um: angezogen

UND HEUTE?
„Er hatte in ihr eine *Penelope*."
Er hatte in ihr eine ihm stets treue Ehefrau.

36 Der Wettkampf mit den Freiern

i Die Ereignisse auf Ithaka spitzten sich zu. Zur selben Zeit, als Odysseus den Königspalast wieder betrat – man feierte das Lunafest –, war Penelope bereit, einen der Freier zum Mann zu nehmen. Ein Wettkampf sollte ihre Wahl entscheiden. Doch der verlief anders als gedacht.

1 Penelopa* omnes hospites magno cum honore colere solebat. Itaque ea auctore Euryclia*, serva magnae aetatis, pedes mendici lavare paravit.

2 Qui vix pedes suos veste nudaverat[1], cum illa veterem Ulixis* cicatricem[2] conspexit. Perterrita et manibus trementibus: „Tandem", inquit, „ad nos redisti, mi[3] domine. Quam laeta sum!"

3 Statim Ulixes ei suasit, ut taceret, et consilio suo memorato eam sibi postridie[4] opem ferre iussit.

[1] nudare: entblößen [2] cicatrix, -icis *f.* Narbe [3] mi: *Vok. Sg. m von* meus [4] postridie: tags darauf

4 Nocte praeterita Penelopa ipsa omni spe deposita arma Ulixis, arcum[5] et sagittas, in atrium[6] aulae regiae attulit.

5 Ibi eo ipso die, cum Luna* dea carminibus tota Ithaca* celebraretur, mensae cibis abundabant; ubique vasa praeclara posita, in parietibus[7] tabulae pulchrae fixae erant.

6 Tum Penelopa procis iam cum voluptate cenantibus magna voce haec dixit: „Qui e vobis hunc arcum[5] tendere et sagittam mittere poterit, eius coniunx ero."

7 Quibus verbis auditis proci magna alacritate elati statim huic certamini interesse cupiebant. Sed cuncti summis viribus adhibitis arcum[5] tendere frustra temptaverunt.

8 Repente tum mendicus, qui procul a mensis consedit, arma petit. Arcum[5] manu capit, facile tendit, sagittam super capita procorum mittit omnibus magno cum stupore[8] spectantibus.

9 Proci autem ea commutatione[9] mendici perturbati tamen laeti cenare pergunt. Antinous*, qui ceteris audacia praestat, modo manum ad poculum porrigit, cum mendicus sagittam in eum mittit eiusque collum transfigit[10]. Qui statim in terram cadit. Ceteris terror infertur.

10 Interim Eumaeus*, Euryclia, Telemachus* paucique amici, qui custodiae causa circum atrium[6] stant, portas clauserunt. Tum Ulixes surgit et procos sic appellat:

11 „O canes, num credidistis vos impune[11] divitias atque opes meas consumere et me vivo mulierem meam poscere posse? Deis invitis egistis. Igitur ego, Ulixes, ipse vos nunc delebo. Demonstrate, quali virtute sitis!"

12 Cito proci calamitate impendente ad arma sua currunt, sed ea ante ab-lata sunt. Tum illi universi in Ulixem invadunt; a quo omnes, alius post alium, sagitta necantur.

13 Postremo Ulixes suos adit: „Nemini licet de hac procorum morte gaudere. Suis sceleribus hi se ipsi capitis[12] damnaverunt."

14 Sed de reditu regis omnes laeti erant. Sola regina ipsa gaudere cessavit. Neque enim credere potuit hunc mendicum esse Ulixem, maritum suum.

15 Tum Minerva* dea eum rursus in iuvenem forma et viribus egregium mutavit. Et sic etiam Penelopam valde beatam fecit.

16 Quibus rebus gestis pax a cunctis sperata in insulam Ithacam rediit ibique Ulixes diu potentia et auctoritate floruit.

[5] arcus, -us *m*: Bogen [6] atrium, -i: Halle [7] paries, parietis *f*: Wand [8] stupor, -oris *m*: Staunen [9] commutatio, -onis *f*: Verwandlung [10] transfigere: durchbohren [11] impune (*Adv.*): straflos [12] capitis damnare: zum Tode verurteilen

Wortschatz

Wie in CURSORIA 1 ist auch in den Texten von **CURSORIA 2** der größte Teil des Wortschatzes aus den jeweiligen Lektionen des Lehrbuches verarbeitet. Welche Wörter einer Lektion im zugehörigen Text des Leseheftes verwendet sind, ist wieder durch die Zweiteilung angezeigt: Oben stehen jeweils die verwendeten, darunter – grau unterlegt – die (noch) nicht verwendeten Wörter. Wenn diese dann in einem Text vorkommen, also im oberen Teil des Wortschatzes aufgenommen sind, findest du jeweils in Klammern die Lektion angegeben, in der sie zum ersten Mal erscheinen.

Die Anordnung des Wortschatzes erfolgt wie in CURSORIA 1 nach folgendem Schema: **Verben, Substantive, Adjektive, „kleine Wörter“.** Der Γ (im oberen Teil) zeigt dir immer an, dass die nächste Wortart beginnt.

TIPP: Wiederhole immer zuerst den oberen Teil des Wortschatzes, bevor du die zugehörige Geschichte übersetzt. So kannst du am Text testen, wie es um dein Vokabelwissen steht. Anschließend wiederhole die Wörter, die noch nicht sitzen, zusammen mit dem restlichen Wortschatz der entsprechenden CURSUS-Lektion (grau unterlegt).
Viel Freude auf deiner Reise mit Odysseus!

21 Mitten in Troia (e-Deklination)

Γ aedificāre	**bauen**
contendere, contendō, contendī	**sich anstrengen; eilen; kämpfen; behaupten**
corripere, corripiō, corripuī	**(an)packen; an sich reißen**
discēdere, discēdō, discessī	**weggehen, verschwinden**
īnstāre, īnstō, īnstitī	**drohen, bevorstehen**
persuādēre, persuādeō, persuāsī (*m. Dat.*)	(*m. AcI*) (*jmdn.*) **überzeugen**; (*jmdn.*) **überreden**
probāre	**gutheißen, billigen**
relinquere, relinquō, relīquī	**zurücklassen, verlassen**
Γ auctōritās, auctōritātis *f*	**das Ansehen; der Einfluss**
fidēs, fideī *f*	**das Vertrauen; der Glaube; die Treue**
īra, īrae *f*	**der Zorn, die Wut**
lītus, lītoris *n*	**der Strand**
mūrus, mūrī *m*	**die Mauer**
prūdentia, prūdentiae *f*	**die Klugheit; die Vorsicht**
rēs, reī *f*	**die Sache; das Ereignis**
sententia, sententiae *f*	**die Meinung, die Ansicht**
spēs, speī *f*	**die Hoffnung,** die Erwartung
timor, timōris *m*	**die Angst, die Furcht**
Γ incertus, incerta, incertum	**unsicher, ungewiss;** unschlüssig
Γ aut ... aut	**entweder ... oder**
ob (*m. Akk.*)	**wegen**

dēficere, dēficiō, dēfēcī	**verlassen; ausgehen**
dolus, dolī *m*	**die List**
fraus, fraudis *f*; *Gen. Pl.* fraud(i)um	**der Betrug, die Täuschung**
hostis, hostis *m*; *Gen. Pl.* hostium	**der Feind**
latēre	**verborgen sein**
postquam (*m. Perf.*)	**nachdem**
sacerdōs, sacerdōtis *m/f*	**der/die Priester(in)**

22 Beim grollenden Achill (Adverbien; hic/haec/hoc)

Γ accidere, áccidit, áccidit	**sich ereignen, zustoßen**
ēvādere, ēvādō, ēvāsī (*m. Akk./ex*)	**entkommen, entgehen**
inquit	**sagt/sagte (er, sie)**
iūrāre	**schwören**
metuere, metuō, metuī	**sich fürchten; befürchten**
occurrere, occurrō, occurrī	**entgegenkommen, begegnen**
prōicere, prōiciō, prōiēcī	**(nieder-, vor)werfen**
reddere, reddō, reddidī	**zurückgeben; machen zu**
sinere, sinō, sīvī	**(zu)lassen, erlauben**
stringere, stringō, strīnxī	**ziehen;** streifen
Γ hostis, hostis *m*; *Gen. Pl.* hostium (21)	**der Feind**

īnsidiae, īnsidiārum *f* (*Pluralwort*)	**der Hinterhalt, die Falle; der Anschlag**
locus, locī *m*	**der Ort**
modus, modī *m*	**die Art, die Weise; das Maß**
mulier, mulíeris *f*	**die Frau**
porta, portae *f*	**das Tor, die Tür**
socius, sociī *m*	**der Gefährte; der Verbündete**
Ꝩ blandus, blanda, blandum	**schmeichlerisch**
incolumis, incolumis, incolume	**unversehrt, heil**
Ꝩ forās	**hinaus, heraus, nach draußen**
hic, haec, hoc	**dieser, diese, dieses**
hinc	**von hier**
postquam (*m. Perf.*) (21)	**nachdem**
quī?	**wie?**
ubī (*Subjunktion; m. Perf.*)	**sobald**
nocēre	**schaden**
pēs, pedis *m*	**der Fuß**
praeter (*m. Akk.*)	**außer**
remedium, remediī *n*	**das Heilmittel**
salvus, salva, salvum	**wohlbehalten, gesund**

dux, ducis *m/f*	**der/die Führer(in); der Feldherr**
fātum, fātī *n*	**das Schicksal**
gēns, gentis *f*; *Gen. Pl.* gentium	**das Volk; das Geschlecht**
nefās *n* (*nur Nom./ Akk. Sg.*)	**der Frevel, das Verbrechen**
Ꝩ crūdēlis, crūdēlis, crūdēle	**grausam**
tantus, tanta, tantum	**so groß, so viel**
vehemēns; *Gen.* vehementis	**heftig**
Ꝩ quidem	**allerdings; zwar**
posteā	**später; nachher**
(meā, tuā, ...) sponte	**freiwillig, aus eigenem Antrieb**
cōgere, cōgō, coēgī, coāctum	**sammeln; zwingen**
dēcipere, dēcipiō, dēcēpī, dēceptum	**täuschen**
docēre, doceō, docuī, doctum	**unterrichten; lehren**
et ... et	**sowohl ... als auch; einerseits ... andererseits**
mandāre	**auftragen**; übergeben, **anvertrauen**
orbis, orbis *m*; *Gen. Pl.* orbium	**der (Erd-)Kreis**

23 Achill – grausam und menschlich (PPP; Perfekt Passiv)

Ꝩ adīre, adeō, adiī, aditum	**hingehen; herantreten**; ansprechen
cōnstituere, cōnstituō, cōnstituī, cōnstitūtum	**beschließen; festsetzen**
facere, faciō, fēcī, factum	**machen**
fugere, fugiō, fūgī, –	**fliehen**
incendere, incendō, incendī, incēnsum	**anzünden**; entflammen, in Aufregung versetzen
monēre	**erinnern; mahnen, auffordern**
regere, regō, rēxī, rēctum	**(be)herrschen**
respicere, respiciō, respexī, respectum	**denken an, berücksichtigen**
vitāre	**(ver)meiden**
Ꝩ classis, classis *f*; *Gen. Pl.* classium	**die Flotte**
cupiditās, cupiditātis *f*	**der Wunsch, das Verlangen**
dolor, dolōris *m*	**der Schmerz; die Trauer**

24 Streit um Achills Waffen (Plusquamperfekt/ Futur II Passiv)

Ꝩ certāre	**streiten; wetteifern**, kämpfen
circumdare, circumdō, circumdedī, circumdatum	**umgeben; umzingeln**
commovēre, commoveō, commōvī, commōtum	**erregen**; bewegen, **veranlassen**
condere, condō, condidī, conditum	**gründen**; aufbewahren; bestatten
cōnsentīre, cōnsentiō, cōnsēnsī, cōnsēnsum	**übereinstimmen**
interficere, interficiō, interfēcī, interfectum	**töten**
invenīre, inveniō, invēnī, inventum	**(er)finden**
irrīdēre, irrīdeō, irrīsī, irrīsum	**verspotten**

obtinēre, obtineō, obtinuī, obtentum	**erlangen; behaupten**
(*m. Dat.*) opus est (*m. Abl.*)	**es ist nötig; (*jmd.*) braucht (*etw.*)**
Γ audācia, audāciae *f*	**die Frechheit; die Kühnheit**
loca, locōrum *n* (*Pluralwort*)	**die Gegend**
moenia, moenium *n* (*Pluralwort*)	**die (Stadt-)Mauer**
studium, studiī *n*	**der Eifer, die Bemühung**
Γ īrātus, īrāta, īrātum	**zornig, wütend**
parvus, parva, parvum	**klein**
Γ alter, altera, alterum; *Gen.* alterīus, *Dat.* alterī	**der eine; der andere** (*von zwei Personen*)
ambō	**beide**
paulō	**(ein) wenig**
post (*Adv.*)	**später; danach**
quemádmodum	**wie, auf welche Weise**
quoniam	**da ... ja; wo ... doch**
uter, utra, utrum?; *Gen.* utrīus, *Dat.* utrī	**wer?** (*von zwei Personen*)
uterque, utraque, utrumque; *Gen.* utrīusque, *Dat.* utrīque	**jeder** (*von zwei Personen*), **beide**

avis, avis *f*; *Gen. Pl.* avium	**der Vogel**
mōmentum, mōmentī *n*	**die Entscheidung; die Wichtigkeit**
occupātus, occupāta, occupātum (in *m. Abl.*)	**beschäftigt** (*m. etw.*)
prior; *Gen.* priōris	**der erste; der frühere**

25 Troias Ende (PPP als Attribut/Subjekt/Objekt; PPP als Adverbiale: PC)

Γ afficere, afficiō, affēcī, affectum (*m. Abl.*)	**versehen (*m. etw.*)**
agitāre	**(an)treiben**
cōnsulere, cōnsulō, cōnsuluī, cōnsultum	(*m. Akk.*) **um Rat fragen, befragen;** (*m. Dat.*) **sorgen für**
dēcipere, dēcipiō, dēcēpī, dēceptum (23)	**täuschen**
fīnīre	**(be)enden**
imperāre	**befehlen; herrschen**
latēre, lateō, latuī, – (21)	**verborgen sein**
parcere, parcō, pepercī, – (*m. Dat.*)	(*jmdn.*) **schonen**
pellere, pellō, pépulī, pulsum	**schlagen, stoßen; vertreiben**
perficere, perficiō, perfēcī, perfectum	**ausführen; vollenden**
perspicere, perspiciō, perspexī, perspectum	**erkennen**, genau sehen, durchschauen
Γ comes, comitis *m/f*	**der/die Begleiter(in)**
diēs, diēī *m*	**der Tag**
dolus, dolī *m* (21)	**die List**
gaudium, gaudiī *n*	**die Freude**
iniūria, iniūriae *f*	**das Unrecht**; die Gewalttat; **die Ungerechtigkeit**
mandātum, mandātī *n*	**der Auftrag**
mūnus, mūneris *n*	**das Amt, die Aufgabe; das Geschenk**
ōs, ōris *n*	**der Mund; das Gesicht**
plēbs, plēbis *f*	**das** (*einfache*) **Volk**
prīnceps, prīncipis *m*	**der Angesehenste, der führende Mann, der Herrscher**
Γ inimīcus, inimīca, inimīcum	**feindlich**; *Subst.* **der Feind**
mollis, mollis, molle	**freundlich; weich, angenehm**
superbus, superba, superbum	**hochmütig**, stolz
tūtus, tūta, tūtum	**sicher, geschützt**
Γ aliquandō	**irgendwann (einmal); einst**
eō (*Adv.*)	**dorthin**
quia	**weil**

nepōs, nepōtis *m*	**der Enkel; der Neffe**
patrēs, patrum *m*	**die Patrizier; die Senatoren**
terribilis, terribilis, terribile	**schrecklich**

26 Augenzeuge des Untergangs (Passiv im Präsensstamm; Infinitiv Präsens Passiv)

Γ animadvertere, animadvertō, animadvertī, animadversum (in *m. Akk.*)	**bemerken**, entdecken; vorgehen (*gegen jmdn.*)
ascendere, ascendō, ascendī, ascēnsum	**hinaufsteigen, -klettern**
custōdīre	**bewachen**
excitāre	(auf)**wecken**; erregen; **ermuntern**
expūgnāre	**erobern, erstürmen**
fallere, fallō, fefellī, –	**täuschen, betrügen**
mūnīre	**befestigen**
oppūgnāre	**angreifen; bestürmen**

pervenīre, perveniō, pervēnī, perventum	**hinkommen**, ankommen; (hin)gelangen
prīvāre (*m. Abl.*)	(*einer Sache*) **berauben, (*um etw.*) bringen**
rapere, rapiō, rapuī, raptum	**(an sich, weg)reißen; rauben**
ruere, ruō, ruī, –	(*auf jmdn.*) **losstürzen, zustürmen**
succēdere, succēdō, successī, successum	anrücken (gegen); **(nach)folgen**, nachrücken
temptāre	prüfen, **versuchen; angreifen**
Γ aciēs, aciēī *f*	der/**das** (*kampfbereite*) Trupp/**Heer**; die Schlachtordnung
arx, arcis *f*; *Gen. Pl.* arcium	**die Burg**
inōpia, inōpiae *f*	**der Mangel**
līberī, līberōrum *m* (*Pluralwort*)	**die Kinder**
nātūra, nātūrae *f*	**die Beschaffenheit, die Natur; das Wesen**
somnus, somnī *m*	**der Schlaf**
vigilia, vigiliae *f*	**die Nachtwache**
Γ angustus, angusta, angustum	**eng; schwierig**
dīligēns; *Gen.* dīligentis	**gewissenhaft, sorgfältig**
fortis, fortis, forte	**tapfer**, mutig; **kräftig**
paucī, paucae, pauca	**(nur) wenige**
sacer, sacra, sacrum	**heilig, geweiht**
terribilis, terribilis, terribile (25)	**schrecklich**
Γ tot (*indekl.*)	**so viele**

immō	**ja sogar; im Gegenteil**

27 Flucht aus Polyphems Höhle (u-Deklination)

Γ committere, committō, commīsī, commissum	**veranstalten; zustande bringen; anvertrauen**
dēlēre, dēleō, dēlēvī, dēlētum	**zerstören, vernichten**
intellegere, intellegō, intellēxī, intellēctum	**verstehen; erkennen, einsehen**
nūntiāre	**melden**
parere, pariō, peperī, partum	**erwerben**; gewinnen; **hervorbringen**
praeesse, praesum, praefuī (*m. Dat.*)	**an der Spitze** (*von etw.*) **stehen, (*etw.*) leiten**
resistere, resistō, restitī, –	**Widerstand leisten**
sīgnificāre	**bezeichnen; anzeigen**
vincere, vincō, vīcī, victum	**(be)siegen**; übertreffen
Γ adversārius, adversāriī *m*	**der Gegner; der Feind**
clādēs, clādis *f*; *Gen. Pl.* clādium	**die Niederlage; der Verlust**
exercitus, exercitūs *m*	**das Heer**
impetus, impetūs *m*	**der Angriff; der Schwung**
incendium, incendiī *n*	**der Brand, das Feuer**
metus, metūs *m*	**die Angst, die Furcht**
multitūdō, multitūdinis *f*	**die große Anzahl, die Menge**
proelium, proeliī *n*	**der Kampf, die Schlacht**
sacerdōs, sacerdōtis *m/f* (21)	**der/die Priester(in)**
victōria, victōriae *f*	**der Sieg**
Γ commūnis, commūnis, commūne	**gemeinsam; allgemein**
medius, media, medium	**der mittlere; in der Mitte (von)**
opportūnus, opportūna, opportūnum	**günstig; geeignet**
ūniversus, ūniversa, ūniversum	**ganz, gesamt**; *Pl.* **(alle) zusammen**
Γ ille, illa, illud	**jener, jene, jenes (berühmte/berüchtigte); der, die, das zuerst genannte**
pār; *Gen.* paris	**ebenbürtig; gleich**
sīn	**wenn aber**

inīquus, inīqua, inīquum	**ungünstig; ungerecht; ungleich**
recipere, recipiō, recēpī, receptum/ sē recipere	**aufnehmen; zurücknehmen/ sich zurückziehen**
singulus, singula, singulum	**jeweils einer; jeder einzeln(e)**

28 Poseidons Zorn (PPA; PPA als Attribut/Subjekt/ Objekt; PPA als Adverbiale: PC; qui/quae/quod als adjektivisches Interrogativ-Pronomen)

Γ addūcere, addūcō, addūxī, adductum	**heranführen; veranlassen**
arcēre, arceō, arcuī, –	**abwehren, fernhalten**
cernere, cernō, –, –	**erkennen**; sehen
ēripere, ēripiō, ēripuī, ēreptum	**entreißen**
īnstituere, īnstituō, īnstituī, īnstitūtum	**beginnen**; einrichten; **unterrichten**

necesse est	**es ist notwendig**
neglegere, neglegō, neglēxī, neglēctum	**nicht (be)achten; vernachlässigen**
postulāre	**fordern**
recipere, recipiō, recēpī, receptum/ sē recipere (27)	**aufnehmen; zurücknehmen/ sich zurückziehen**
Γ aedis, aedis *f*; *Gen. Pl.* aedium	**der Tempel**; *Pl. auch* das Haus
amīcitia, amīcitiae *f*	**die Freundschaft**
aurum, aurī *n*	**das Gold**
avāritia, avāritiae *f*	**die Gier**, die Habsucht; **der Geiz**
castra, castrōrum *n* (*Pluralwort*)	**das Lager**
dīgnitās, dīgnitātis *f*	**die Würde; das Ansehen**
fīnis, fīnis *m*; *Gen. Pl.* fīnium	**das Ende; die Grenze**; der Zweck; *Pl.* **das Gebiet**
lūmen, lūminis *n*	**das Licht; das Auge(nlicht)**
māgnitūdō, māgnitūdinis *f*	**die Größe**
manus, manūs *f*	**die Hand; die Schar**
odium, odiī *n*	**der Hass**
Γ obscūrus, obscūra, obscūrum	(ziemlich) **dunkel**, finster
salvus, salva, salvum (22)	**wohlbehalten, gesund**
Γ at	**aber, (je)doch; dagegen**
contrā (*m. Akk.*)	**gegen**
quī, quae, quod?	**welcher, welche, welches?**
praeter (*m. Akk.*) (22)	**außer**

interdum	**manchmal, bisweilen**
mīles, mīlitis *m*	**der Soldat**
parcus, parca, parcum	**spärlich; sparsam**
senātus, senātūs *m*	**der Senat; die Senatsversammlung**
trāicere, trāiciō, trāiēcī, trāiectum	**hinüberbringen,** ***über*****setzen**

29 Im Totenreich (Konjunktiv Präsens Aktiv)

Γ (sē) abstinēre, abstineō, abstinuī, –	**sich enthalten**
adiungere, adiungō, adiūnxī, adiūnctum	anschließen; **hinzufügen**
āvertere, āvertō, āvertī, āversum	**abwenden; vertreiben**
dēdūcere, dēdūcō, dēdūxī, dēductum	**abbringen; wegführen**; hinführen
obsecrāre	**anflehen, bitten**
pergere, pergō, perrēxī, perrēctum	**weitermachen,** (*etw.*) weiter (*tun*)
vāstāre	**verwüsten**
Γ agmen, agminis *n*	**der (Heeres-)Zug**, die Schar
coniūnx, coniugis *f/m*	**die (Ehe-)Frau/ der (Ehe-)Mann**
cōnspectus, cōnspectūs *m*	**der Anblick**
domus, domūs *f*	**das Haus** (*in der Stadt*)
marītus, marītī *m*	**der Ehemann**
perniciēs, perniciēī *f*	**die Vernichtung; das Verderben**
senectūs, senectūtis *f*	**das Alter**
Γ familiāris, familiāris, familiāre	**vertraut, freundschaftlich;** *Subst.* **der Freund**
frequēns; *Gen.* frequentis	**zahlreich; häufig**
īnfēlīx; *Gen.* īnfēlīcis	**unglücklich**
Γ an	**oder (etwa)**
dēnique	**schließlich, zuletzt**
et ... et (23)	**sowohl ... als auch; einerseits ... andererseits**
nē (*m. Konj.*)	**dass/damit nicht**
num	*indir. Frage* **ob**
ut (*m. Konj.*)	**dass, damit; sodass**
utrum	*dir. Frage: unübersetzt; indir. Frage* **ob**

alere, alō, aluī, altum	**ernähren**; *großziehen*
brevī (*Adv.*)	**bald darauf, nach kurzer Zeit**
captīvus, captīva, captīvum	**gefangen**; *Subst.* **der/die Kriegsgefangene**
gignere, gignō, genuī, genitum	**(er)zeugen, hervorbringen**
intrā (*m. Akk.*)	**innerhalb**

30 Der Gesang der Sirenen (Konjunktiv Perfekt Aktiv; Konjunktiv Präsens/Perfekt Passiv)

Γ id agere, ut	sich dafür einsetzen/**alles darauf anlegen, dass**
audēre, audeō	**wagen**
circumvenīre, circumveniō, circumvēnī, circumventum	**umzingeln, umringen**
cōgere, cōgō, coēgī, coāctum (23)	**sammeln; zwingen**
concēdere, concēdō, concessī, concessum	**erlauben, zugestehen, einräumen**

convocāre	**zusammenrufen; versammeln**
inīre, ineō, iniī, initum	**(hin)eingehen; beginnen**
patēre, pateō, patuī, –	**offenstehen**; klar sein; sich erstrecken
quiēscere, quiēscō, quiēvī, –	(aus)**ruhen**; schlafen
volvere, volvō, volvī, volūtum	**rollen**, wälzen; **überlegen**
Γ auris, auris *f*; *Gen. Pl.* aurium	**das Ohr**
avis, avis *f*; *Gen. Pl.* avium (24)	**der Vogel**
cōnsultum, cōnsultī *n*	**der Beschluss**
dīligentia, dīligentiae *f*	**die Gewissenhaftigkeit, die Sorgfalt**
interitus, interitūs *m*	**der Untergang**
lectus, lectī *m*	**das Bett; das Liegesofa**
praesentia, praesentiae *f*	**die Gegenwart**
praesidium, praesidiī *n*	**der Schutz**; *Pl.* **die Schutztruppe**
ratiō, ratiōnis *f*	**die Art und Weise; die Vernunft; der (*vernünftige*) Grund**
scelus, sceleris *n*	**das Verbrechen**
supplicium, suppliciī *n*	**die Hinrichtung; die (Todes-)Strafe**
Γ proximus, proxima, proximum	**der nächste; der letzte**
quantus, quanta, quantum	**wie groß; was für ein**
Γ ante (*Adv.*)	**vorher**
cottīdiē	**täglich**, Tag für Tag
cum (*m. Konj.*)	**als, nachdem**; da, **weil; obwohl**
iste, ista, istud; *Gen.* istīus, *Dat.* istī	**dieser, diese, dieses (da); der, die, das (da); dein, euer**
tantum (*Adv.*)	**nur**

coniūrātiō, coniūrātiōnis *f*	**die Verschwörung**
obsidēre, obsideō, obsēdī, obsessum	**belagern; bedrängen**

31 Zwischen Skylla und Charybdis (Konjunktiv Imperfekt/Plusquamperfekt Aktiv und Passiv)

Γ accendere, accendō, accendī, accēnsum	**in Brand setzen**; entflammen, aufregen
affirmāre	**behaupten, versichern**
circumstāre, circumstō, circumstetī, –	**um ... herum stehen**
claudere, claudō, clausī, clausum	(ab-, ein)**schließen**
comprehendere, comprehendō, comprehendī, comprehēnsum	**ergreifen**, festnehmen; **begreifen**
dēlīberāre	**überlegen**
dēpōnere, dēpōnō, dēposuī, dēpositum	**niederlegen; aufgeben**
exīre, exeō, exiī, –	**hinausgehen**
incēdere, incēdō, incessī, incessum	**befallen; einhergehen**
rumpere, rumpō, rūpī, ruptum	**(zer)brechen**
suscipere, suscipiō, suscēpī, susceptum	**unternehmen**; sich (*einer Sache*) annehmen; **auf sich nehmen**
Γ aditus, aditūs *m*	**der Zugang; der Zutritt**
admīrātiō, admīrātiōnis *f*	**die Bewunderung**, die Begeisterung
adventus, adventūs *m*	**die Ankunft**
custōs, custōdis *m/f*	**der/die Wächter(in), die Wache**
libīdō, libīdinis *f*	**das (*heftige*) Verlangen**, die Lust; **die Willkür**
mora, morae *f*	**die Verzögerung; der Aufenthalt**
Γ clārus, clāra, clārum	**hell, klar; berühmt**
Γ omnīnō	**überhaupt; insgesamt**
prius	**zuerst; früher**
prōtinus	**sofort**
quantopere	**wie sehr**
repente	**plötzlich, unerwartet**
tālis, tālis, tāle	**derartig, (ein) solcher; so beschaffen**

mīrus, mīra, mīrum	**wunderbar; erstaunlich**
onus, oneris *n*	**die Last**
occultus, occulta, occultum	**heimlich, geheim**; verborgen
umerus, umerī *m*	der Oberarm; **die Schulter**

32 In Kalypsos Armen (Irrealis der Gegenwart und der Vergangenheit)

Γ adhibēre	**anwenden; hinzuziehen**
cavēre, caveō, cāvī, cautum (*m. Akk.*)	**sich hüten (*vor*); Acht geben (*auf*)**
corrumpere, corrumpō, corrūpī, corruptum	**bestechen; verderben**
dēprehendere, dēprehendō, dēprehendī, dēprehēnsum	**entdecken; ergreifen**; überraschen

dīligere, dīligō, dīlēxī, dīlēctum	**schätzen, lieben**
exīstimāre	**meinen; schätzen**
mandāre (23)	**auftragen**; übergeben, **anvertrauen**
occidere, óccidō, óccidī, –	**untergehen; umkommen**
perterrēre	einschüchtern; **heftig erschrecken**
praetermittere, praetermittō, praetermīsī, praetermissum	**verstreichen lassen**
prōpōnere, prōpōnō, prōposuī, prōpositum	**in Aussicht stellen; vorschlagen**
Γ morbus, morbī *m*	**die Krankheit**
occāsiō, occāsiōnis *f*	**die Gelegenheit**
pōculum, pōculī *n*	**der Becher**
vultus, vultūs *m*	**das Gesicht, der Gesichtsausdruck**
Γ beātus, beāta, beātum	**glücklich; reich**
contentus, contenta, contentum	**zufrieden**
nōbilis, nōbilis, nōbile	**berühmt**; vornehm; **adlig**
praeceps; *Gen.* praecipitis	schnell, **überstürzt; steil**
strēnuus, strēnua, strēnuum	**kräftig; entschlossen**, munter
Γ aliter	**sonst; anders**
ergō	**also**
interim	**inzwischen**
praetereā	**außerdem**

celer, celeris, celere	**schnell**
compōnere, compōnō, composuī, compositum	**zusammenstellen**, ordnen; **verfassen**; vergleichen
ferē	beinahe, **fast; ungefähr**
mīlle (*indekl.*); *Pl.* mīlia, mīlium (*m. Gen.*)	**tausend**
soror, sorōris *f*	**die Schwester**

33 Am Hof des Phäakenkönigs (ferre)

Γ afferre, afferō, attulī, allātum	**(herbei)bringen; melden**
caedere, caedō, cecīdī, caesum	**niederschlagen; töten**
differre, differō, distulī, dīlātum	**aufschieben**, verschieben; **sich unterscheiden**
efferre, efferō, extulī, ēlātum	**heraustragen; herausheben**; hervorbringen
ferre, ferō, tulī, lātum	**bringen, tragen; ertragen**; berichten
ferunt	**man berichtet**
īgnōscere, īgnōscō, īgnōvī, īgnōtum	**verzeihen**
interrumpere, interrumpō, interrūpī, interruptum	**unterbrechen**
oportēre/oportet, oportuit	**es ist nötig, es gehört sich**; man darf
pācāre	**unterwerfen**
perferre, perferō, pertulī, perlātum	**ertragen; (über)bringen**
referre, referō, rettulī, relātum	**(zurück)bringen; berichten**
tendere, tendō, tetendī, tentum	**(aus)strecken; spannen**; sich anstrengen
Γ calamitās, calamitātis *f*	**das Unglück; der Verlust**; die Niederlage
iūstitia, iūstitiae *f*	**die Gerechtigkeit**
laus, laudis *f*	**das Lob; der Ruhm**
pars, partis *f*; *Gen. Pl.* partium	**der Teil; die Seite, die Richtung**
pāx, pācis *f*	**der Frieden**
quiēs, quiētis *f*	**die Ruhe, die Erholung**
suspiciō, suspiciōnis *f*	**der Argwohn, der Verdacht**
terror, terrōris *m*	**der Schrecken**; die Schreckensnachricht
Γ malus, mala, malum	**schlecht, schlimm**
nimius, nimia, nimium	**zu groß, übermäßig**
nōnnūllī, nōnnūllae, nōnnūlla	**einige, manche**
Γ adeō (*Adv.*)	**so sehr**

lēgātus, lēgātī *m*	**der Gesandte**
legiō, legiōnis *f*	**die Legion**
tribūnus, tribūnī *m*	**der (Militär-)Tribun**

34 Begegnung mit Telemach (Ablativus absolutus mit dem PPP; Dativ des Vorteils/Zwecks)

appellere, appellō, áppulī, appulsum	**herantreiben**, heranbringen; *Pass.* **landen**
cōnferre, cōnferō, contulī, collātum/ sē cōnferre	**zusammentragen, -bringen**; -fassen/ sich begeben
dēserere, dēserō, dēseruī, dēsertum	**im Stich lassen, verlassen**
dōnāre	**(be)schenken**
gerere, gerō, gessī, gestum/sē gerere	(aus)**führen; tragen/** sich benehmen
offerre, offerō, obtulī, oblātum	**entgegenbringen; anbieten**

praestāre, praestō, praestitī, –	(*m. Dat.*) **übertreffen;** (*m. Akk.*) **leisten**; zeigen
profugere, profugiō, profūgī, –	Zuflucht suchen, **sich flüchten**
trāicere, trāiciō, trāiēcī, trāiectum (28)	**hinüberbringen, *über*setzen**
tribuere, tribuō, tribuī, tribūtum	**zuteilen**; schenken; **erweisen**
alacritās, alacritātis *f*	**die Fröhlichkeit**; der Eifer
cōpia, cōpiae *f*	**der Vorrat; die Menge;** *Pl. auch* **die Truppen**
ingenium, ingeniī *n*	**die Begabung**; der Charakter
invidia, invidiae *f*	**der Neid**; der Hass
opera, operae *f*	die Arbeit; **die Tätigkeit; die Mühe**
portus, portūs *m*	**der Hafen**
ūsus, ūsūs *m*	**der Gebrauch, der Nutzen**; die Erfahrung
virtūs, virtūtis *f*	**die Tüchtigkeit; die Tapferkeit;** die Tugend; *Pl. auch* **gute Eigenschaften**
vulgus, vulgī *n*	**das Volk**
mōbilis, mōbilis, mōbile	**beweglich; unbeständig**
varius, varia, varium	**verschieden(artig); wankelmütig**
nimis	**zu; zu sehr**
nūper	**vor kurzem; neulich**
tamquam	**wie; wie wenn, als ob**

accūsāre	**anklagen**, beschuldigen
damnāre	**verurteilen**
permovēre, permoveō, permōvī, permōtum	**beunruhigen; veranlassen**
turba, turbae *f*	**die** (Menschen-)**Menge; das Durcheinander**
vīsere, vīsō, –, –	**besichtigen; besuchen**

35 Ein ungewöhnliches Wiedersehen (Ablativus absolutus mit dem PPA, in nominalen Wendungen; ne nach Ausdrücken des Fürchtens)

Γ accūsāre (34)	**anklagen**, beschuldigen
canere, canō, cecinī, cantātum	**(be)singen**
dēspicere, dēspiciō, dēspexī, dēspectum	**(auf etw.) herabblicken; verachten**
minuere, minuō, minuī, minūtum	vermindern, **verringern;** schmälern
premere, premō, pressī, pressum	**(unter)drücken; bedrängen**
saevīre, saeviō, –, saevītum	**wüten, toben**
Γ aedificium, aedificiī *n*	**das Gebäude**, das Bauwerk
auctor, auctōris *m*	**der (Be-)Gründer; der Anstifter,** der Veranlasser; **der Verfasser**
crīmen, crīminis *n*	**der Vorwurf; das Verbrechen**
fāma, fāmae *f*	**das Gerücht; der Ruf**
fenestra, fenestrae *f*	**das Fenster**
frūmentum, frūmentī *n*	**das Getreide**
īgnis, īgnis *m*; *Gen. Pl.* īgnium	**das Feuer, der Brand**
poena, poenae *f*	**die Strafe**
pulchritūdō, pulchritūdinis *f*	**die Schönheit**
sēditiō, sēditiōnis *f*	**der Aufruhr, der Aufstand**
vīcus, vīcī *m*	**die Gasse; das (Stadt-) Viertel; das Dorf**
Γ aureus, aurea, aureum	**golden, aus Gold**
* (dīves; *Gen.* dīvitis, *Abl. Sg*, dīvite, *Nom./Akk. Pl. n* dīvita, *Gen. Pl.* dīvitum	**reich)**
necessārius, necessāria, necessārium	**notwendig**
* (pauper; *Gen.* pauperis, *Abl. Sg.* paupere, *Nom./Akk. Pl. n* paupera, *Gen. Pl.* pauperum	**arm)**
rēgius, rēgia, rēgium	**königlich**
vetus; Gen. veteris, *Abl. Sg.* vetere, *Nom./Akk. Pl. n* vetera, *Gen. Pl.* veterum	**alt**; ehemalig; erfahren
vīvus, vīva, vīvum	**lebendig; zu Lebzeiten**
Γ simul	**gleichzeitig, zugleich**

* (aspectus, aspectūs *m*	**der Anblick)**
hortus, hortī *m*	**der Garten**
recitāre	**vortragen, vorlesen**
suādēre, suādeō, suāsī, suāsum	**raten, zureden**
turris, turris *f*; *Akk. Sg.* turrim, *Abl. Sg.* turrī, *Gen. Pl.* turrium	**der Turm**
* (versus, versūs *m*	**der Vers)**

* In dieser Lektion unterscheidet sich der Wortschatz von Cursus, Ausgabe A, und Cursus, Ausgabe B.

36 Der Wettkampf mit den Freiern (ipse, ipsa, ipsum; Abl. abs.: Zusammenfassung)

Γ abundāre (*m. Abl.*)	(*etw.*) **im Überfluss haben**
dēmōnstrāre	**darlegen, beweisen; zeigen**
fīgere, fīgō, fīxī, fīxum	(an)**heften, befestigen**; auf etw. richten
flōrēre, flōreō, flōruī, –	**blühen**; hervorragend sein
impendēre, impendeō, –, –	**hängen über; drohen**
īnferre, īnferō, intulī, illātum	**hineintragen; zufügen**
memorāre	**erwähnen**; sagen
porrigere, porrigō, porrēxī, porrēctum	**ausstrecken**; ausbreiten, ausdehnen
suādēre, suādeō, suāsī, suāsum (35)	**raten, zureden**
Γ adulēscēns, adulēscentis *m*; *Gen. Pl.* adulēscentium	**der junge Mann**
collum, collī *n*	**der Hals**
custōdia, custōdiae *f*	**die Bewachung; die Wachen**
dīvitiae, dīvitiārum *f* (*Pluralwort*)	**der Reichtum**
mēnsa, mēnsae *f*	**der Tisch**, die Tafel
ops, opis *f*	**die Hilfe**; die Kraft; *Pl.* **die Macht, der Einfluss**; der Reichtum
pēs, pedis *m* (22)	**der Fuß**
potentia, potentiae *f*	**die Macht; die Herrschaft**
tabula, tabulae *f*	das Gemälde; **die Tafel**; die Aufzeichnung
vās, vāsis *n*; *Pl.* vāsa, vāsōrum	**das Gefäß**
Γ invītus, invīta, invītum	**unwillig, gegen den Willen**
praeclārus, praeclāra, praeclārum	herrlich, **ausgezeichnet; sehr bekannt**
Γ causā (*m. Gen.; nachgestellt*)	**wegen; um ... zu**
circum (*m. Akk.*)	**um ... herum, ringsum**
igitur	**also, folglich**
ipse, ipsa, ipsum	**selbst, persönlich**; gerade; schon
quālis, quālis, quāle	**wie (beschaffen), was für ein**
super (*m. Akk./Abl.*)	**über; oben auf**

laudāre	**preisen; loben**
sermō, sermōnis *m*	**das Gespräch; das Gerede; die Sprache**
ultrō	**darüber hinaus**, noch dazu; **von sich aus**

Mini-Wörterbuch

A

adducere (adduco, adduxi, adductum)	(in eine Lage) bringen; heranführen; veranlassen
adhibere	anwenden; herbeiholen
advenire (advenio, adveni, adventum)	ankommen
aedificium, aedificii	das Gebäude
angustiae, angustiarum (*Pluralwort*)	die Engstelle, die Enge
atrox; *Gen.* atrocis	schrecklich, grässlich, wütend
audax; *Gen.* audacis	frech, kühn
aula regia, aulae regiae	der Königssaal, der Königshof

C

calamitas, calamitatis *f*	das Unheil, das Unglück
callidus, callida, callidum	schlau
canere (cano, cecini, –)	singen
carus, cara, carum	lieb, teuer
carmen, carminis *n*	das Lied
casa, casae	die Hütte
castra, castrorum *n* (*Pluralwort*)	das Lager
celebrare	feiern
celer, celeris, celere	schnell
circum (*m. Akk.*)	um ... herum
clam (*Adv.*)	heimlich
claudere (claudo, clausi, clausum)	schließen, einschließen
conficere (conficio, confeci, confectum)	beenden; verrichten
conscendere (conscendo, conscendi, –)	besteigen
consumere (consumo, consumpsi, consumptum)	verbrauchen, verprassen
copiae, copiarum	die Truppen
cottidie (*Adv.*)	täglich

D

deponere (depono, deposui, depositum)	niederlegen; aufgeben
desiderium, desiderii	die Sehnsucht, das Verlangen

despicere (despicio, despexi, despectum)	herabblicken
diem festum agere	ein(en) Fest(tag) feiern
diutius (*Adv.*)	länger
	reich
dividere (divido, dividi, divisum)	teilen, einreißen
domi (*Adv.*)	zu Hause
dulcis, -is, -e	süß

E

edere (edo, edi, esum)	essen, fressen
effugere (effugio, effugi, –)	entkommen
excitare	aufwecken

F

fessus, -a, -um	müde, erschöpft
festus, -a, -um	feierlich, festlich
fidus, -a, -um	treu
firmus, -a, -um	stark
fluctus, fluctus *m*	die Flut, die Woge
fortis, -is, -e	tapfer, mutig, kräftig
frustra (*Adv.*)	vergeblich

G

gerere (gero, gessi, gestum)	(aus)führen, tragen

H

habitare	(be)wohnen
Heu me miserum!	Ach, ich Elender!
Heu nos miseros!	Ach, wir Elenden!
hospitium, hospitii	die Gastfreundschaft

I

iactare	werfen, schleudern
ignis, ignis *m*	das Feuer, der Brand
illustrare	beleuchten, erhellen
immortalitas, immortalitatis *f*	die Unsterblichkeit
impellere (impello, impuli, impulsum)	(an)stoßen; veranlassen
implere (impleo, implevi, impletum)	anfüllen, erfüllen
imprimis (*Adv.*)	besonders
inde (*Adv.*)	von da, von dort
inferi, inferorum	die Unterwelt, die Toten
infirmus, -a, -um	schwach, kraftlos
iniuria, iniuriae	das Unrecht, die Gewalttat; die Ungerechtigkeit
invenire (invenio, inveni, inventum)	(er)finden
ius hospitii, iuris hospitii *n*	das Gastrecht

L

lavare	waschen
liberi, liberorum (*Pluralwort*)	die Kinder
ludus, ludi	das Spiel; die Schule

M

magnitudo, magnitudinis *f*	die Größe
malus, -a, -um	schlecht, schlimm; böse
manus, manus *f*	die Hand, die Schar
maxime (*Adv.*)	am meisten, besonders
mendicus, mendici	der Bettler
monstrum, monstri	das Ungeheuer

N

nefas n (*nur Nom./ Akk. Sg.*)	das Unrecht
notus, -a, -um	bekannt

O

obsidere (obsideo, obsedi, obsessum)	belagern; bedrängen
occupare	besetzen, bestürmen
ovis, ovis *f*	das Schaf

P

paene (*Adv.*)	beinahe, fast
par; *Gen.* paris	ebenbürtig, gleich
pars, partis *f*	der Teil, die Seite; die Richtung
parvus, -a, -um	klein
	arm
pernicies, perniciei *f*	die Vernichtung, das Verderben
plane (*Adv.*)	völlig, ganz
postero mane	am folgenden Morgen
praeterire (praetereo, praeterii, praeteritum)	vorbeigehen, vergehen
praeteritus, -a, -um	vergangen
prior; *Gen.* prioris	der erste, der frühere
prius (*Adv.*)	zuerst; früher
procedere (procedo, processi, processum)	vorrücken, voranrücken
pro certo habere	für sicher halten
procus, proci	der Freier
prope (*m. Akk.*)	nahe bei, in der Nähe von
prorumpere (prorumpo, prorupi, proruptum)	hervorbrechen, hervorstürzen

Q

quasi	gleichsam (wie)
quin etiam	ja sogar

R

rapere (rapio, rapui, raptum)	rauben; (an sich, weg)reißen
recipere (recipio, recepi, receptum)	aufnehmen; zurücknehmen
reddere (reddo, reddidi, redditum)	zurückgeben
reditus, reditus *m*	die Rückkehr
reliqui, reliquorum	die Übrigen
reliquus, -a, -um	übrig
repellere (repello, reppuli, repulsum)	zurückstoßen
rursus	wieder

S

saevire	wüten, toben
sagitta, sagittae	der Pfeil
saltare	tanzen
senex, senis *m*	der Greis, der alte Mann
sepelire	begraben, bestatten
sepulcrum, sepulcri	das Grab
somnus, somni	der Schlaf
studium, studii	der Eifer, das Bemühen
subire (subeo, subii, subitum)	auf sich nehmen, herangehen
superbus, -a, -um	stolz, hochmütig
supplex; *Gen.* supplicis	bittend, flehend
suscipere (suscipio, suscepi, susceptum)	unternehmen; aufnehmen

T

tegere (tego, texi, tectum)	bedecken, schützen
temptare	versuchen
tenebrae, tenebrarum (*Pluralwort*)	die Finsternis, die Dunkelheit
terror, terroris *m*	der Schrecken
tractare	behandeln
tremere (tremo, tremui, –)	zittern
tristis, -is, -e	traurig
turba, turbae	die (Menschen-)Menge; das Durcheinander

U

umbra, umbrae	der Schatten
umerus, umeri	der Oberarm; die Schulter

V

vacuus, -a, -um (*m. Abl.*)	ohne
vastare	verwüsten
vestis, vestis *f*	das Kleid, das Gewand
victoria, victoriae	der Sieg
vincere (vinco, vici, victum)	(be-)siegen
vinculum, vinculi	das Band, die Fessel
virtus, virtutis *f*	die Tapferkeit, die Tüchtigkeit

* Eigennamen

Achilles, -is	Achill (*griech.* Achilleus), größter Held unter den Griechen, die → Troia belagerten; war nur an einer Stelle seines Körpers verwundbar, an seiner Ferse
Aeolus, -i	Äolus (*griech.* Aiolos), Gott der Winde
Aeneas, -ae	Äneas (*griech.* Aineias), Sohn der Venus; troianischer Held, Gemahl der → Kreusa; führte den Rest der Troianer nach Italien, deren Nachkommen Rom gründeten
Agamemnon, -is	Agamemnon, Sohn des Atreus, König von → Mykene, Bruder des → Menelaos
Aiax, -acis	Aias, Sohn des Königs von Salamis, nach → Achill größter Held der Griechen vor → Troia
Alcinous, -i	Alkinous (*griech.* Alkinoos), König der → Phäaken, die die Insel Scheria bewohnten, zu der → Odysseus verschlagen wurde
Amazonen	sagenhaftes Frauenvolk aus → Asia, in Skythien (heute Südrussland) wohnend
Anchises, -is	Anchises, Vater des → Äneas
Andromacha, -ae	Andromache, Gemahlin des → Hektor
Antenor, -oris	Antenor, ein weiser alter Troianer, der König → Priamus beratend zur Seite stand
Anticlea, -ae	Antikleia, Mutter des → Odysseus
Antinous, -i	Antinous (*griech.* Antinoos), einer der Freier → Penelopes; er übertraf alle anderen an Frechheit und Kühnheit
Apollo, -inis	Apollo (*griech.* Apollon), Gott des Lichts, der Musik und der Weissagung
Arete, -is	Arete, Gemahlin des Königs → Alkinous
Argus, -i	Argus (*griech.* Argos), der treue Hund des → Odysseus
Ascanius, -i	Askanius, Sohn des → Äneas und der → Kreusa
Asia, -ae	Asien (*griech.* Asia), in der Antike ist damit vor allem Vorderasien oder Kleinasien gemeint
Astyanax, -nactis	Astyanax, kleiner Sohn des → Hektor und der → Andromache
Äthiopien	Land in Afrika
Briseis, -idis	Briseis, Tochter des Briseus und Gemahlin des Königs von Lyrnessos, Kriegsbeute des → Achill; Anlass des Streites mit → Agamemnon
Calypso, -onis	Kalypso, Göttin oder Nymphe, Tochter des Titanen Atlas, lebte auf der sagenhaften Insel → Ogygia
Cassandra, -ae	Kassandra, Tochter des → Priamus, Seherin → Troias
Charybdis, -is	Charybdis, Meerungeheuer, legendärer Strudel am Nordende der Straße von Messina bei Sizilien, lag direkt der → Skylla gegenüber
Cicones, -um	Kikonen (*griech.* Kikones), Volk in Thrakien, nördlich von Griechenland
Circa, -ae	Circe (*griech.* Kirke), Tochter des Sonnengottes Helios (→ Sol); mächtige Zauberin, die auf der Insel Aiaia lebte; verzauberte Gefährten des → Odysseus in Schweine
Clytaemnestra, -ae	Klytämnestra (*griech.* Klytaimnestra), Gemahlin des → Agamemnon, tötete zusammen mit ihrem Liebhaber ihren Mann nach seiner Rückkehr aus → Troia
Creta, -ae	Kreta (*griech.* Krete), große Insel südlich von Griechenland

Creusa, -ae	Kreusa, Gemahlin des → Äneas; ging auf der Flucht aus → Troia verloren
Cyclopes, -um	Kyklopen (*griech.* Kyklopes), einäugige Riesen, die Menschen fressen; einer von ihnen war → Polyphem, der als Sohn des Poseidon (→ Neptunus) galt
Eumaeus, -i	Eumaios, Sauhirt, treuer Diener des → Odysseus
Euryclia, -ae	Eurykleia, alte Dienerin der → Penelope, die schon die Amme des → Odysseus war
Graeci, -orum	Griechen
Graecia, -ae	Griechenland
Graecus, -a, -um	griechisch
Hector, -oris	Hektor, Sohn des → Priamus, größter troianischer Held, wurde von → Achill im Zweikampf getötet
Helena, -ae	Helena, Tochter des Zeus (→ Iuppiter), Gemahlin des → Menelaos, schönste Frau ihrer Zeit, wurde von → Paris nach → Troia entführt; Ursache des Troianischen Krieges
Homer	Ältester griechischer Dichter aus dem 8. Jh. v. Chr.; in seinem Epos „Ilias" beschreibt er den Kampf um → Troia, in der „Odyssee" die Irrfahrten des → Odysseus
Ithaca, -ae	Ithaka (*griech.* Ithake), Insel südwestlich von Griechenland
Iuppiter, Iovis	Jupiter (*griech.* Zeus), der Göttervater
Laertes, -is	Laertes, Vater des → Odysseus
Laestrygones, -um	Laistrygonen (*griech.* Laistrygones), Geschlecht von menschenfressenden Riesen
Laocoon, -ntis	Laokoon, troianischer Priester des Poseidon (→ Neptunus), der vor der Aufnahme des hölzernen Pferdes in → Troia warnte
Luna, -ae	Luna (*griech.* Selene), Göttin des Mondes
Maron	Maron, Priester des Gottes → Apollo bei den → Kikonen
Menelaus, -i	Menelaos, Sohn des Atreus, Bruder des → Agamemnon, König von → Sparta, Gemahl der → Helena
Mercurius, -i	Merkur (*griech.* Hermes), Götterbote in Diensten von Zeus (→ Iuppiter)
Minerva, -ae	Minerva (*griech.* Athene), Tochter des Zeus (→ Iuppiter), Schutzgöttin des Krieges, der Weisheit und der Künste; göttliche Helferin des → Odysseus
Mykene	Mykene (*griech.* Mykenai), Burgfeste in der Argolis auf der Peloponnes; Regierungssitz des Königs → Agamemnon
Myrmidonen	Myrmidonen, Volk in Thessalien, im heutigen nordöstlichen Griechenland; → Achill führte das Heer dieses Volkes an
Nausicaa, -ae	Nausikaa, Tochter des → Alkinoos und der → Arete, der Herrscher auf der Insel der → Phäaken
Neoptolemus, -i	Neoptolemos, Sohn des → Achill, tötete → Priamus
Neptunus, -i	Neptun (*griech.* Poseidon), Gott des Meeres
Nestor	Nestor, Herrscher von → Pylos, Ratgeber der Griechen bei → Troia

Ogygia, -ae	Ogygia, sagenhafte Insel der → Kalypso
Orcus, -i	Orkus (*griech.* Hades), Unterwelt, Reich des Pluto/Hades
Ozean	Ozean (*griech.* Okeanos), Weltmeer, das die als Scheibe gedachte Erde umgibt
Paris	Paris, wohl der älteste Sohn des Königs → Priamus, schönster Mann seiner Zeit, raubte → Helena aus Griechenland
Patroclus, -i	Patroklos, engster Freund und Gefährte des → Achill
Penelopa, -ae	Penelope, treue Gemahlin des → Odysseus
Phaeaces, -um	Phäaken (*griech.* Phaiakes), Volk auf der Insel Scheria, auf der → Alkinoos König war und auf die → Odysseus verschlagen wurde
Polyphemus, -i	Polyphem (*griech.* Polyphemos), einer der → Kyklopen, den → Odysseus in seiner Höhle überlistete
Priamus, -i	Priamus (*griech.* Priamos), König von → Troia, Vater des → Paris, des → Hektor und der → Kassandra
Pylos	Pylos, Herrscherburg des → Nestor im Süden der Peloponnes
Scylla, -ae	Skylla (*griech.* Skylle), sechsköpfiges Meerungeheuer, das direkt gegenüber der → Charybdis in einer Felsenhöhle auf der Lauer lag
Sinon, -onis	Sinon, ein griechischer Kämpfer vor → Troia, der → Odysseus' List mit dem hölzernen Pferd zum Erfolg führte
Sirenes, -um	Sirenen, Vögel mit Menschenköpfen, lockten durch ihren außergewöhnlichen Gesang vorbeisegelnde Seefahrer auf ihre Insel, um sie dort zu töten; → Odysseus entging dieser Gefahr durch eine List
Sol, Solis	Sol (*griech.* Helios), Sonnengott
Sparta, -ae	Sparta, Hauptstadt der Spartaner in Lakonien auf der Peloponnes; im Mythos Herrschaftssitz des Königs → Menelaos
Teiresias, -ae	Tiresias (*griech.* Teiresias), greiser Seher der Griechen; ihn traf → Odysseus am Rande der Erde am Eingang zur Unterwelt
Telemachus, -i	Telemach (*griech.* Telemachos), Sohn des → Odysseus und der → Penelope
Tenedus, -i	Tenedos, griechische Insel, unweit der kleinasiatischen Küste, nahe → Troia
Thetis	Thetis, Meeresgöttin, Gemahlin des Königs Peleus; Mutter des → Achill
Thrakien	Thrakien (*griech.* Thrake), Landschaft nördlich von Griechenland
Thrinacia, -ae	Thrinakia (*griech.* Thrinakie), Insel des Sonnengottes Helios (→ Sol)
Troia, -ae	Troia, Stadt im Nordwesten Kleinasiens, Herrschaftssitz des Königs → Priamus, zehn Jahre von den Griechen im Troianischen Krieg belagert und dann nach der Eroberung zerstört
Troiani, -orum	Troianer, Einwohner der Stadt → Troia
Ulixes, -is	lat. Namensform für Odysseus, Sohn des → Laertes und der → Antikleia; König von → Ithaka; Gemahl der → Penelope und Vater des → Telemach; einer der griechischen Helden vor → Troia; Hauptgestalt in → Homers Epos „Odyssee“
Zephyrus, -i	Zephyr (*griech.* Zephyros), Westwind

Mythologische Landkarte
(mit bekannten und vermuteten Orten)

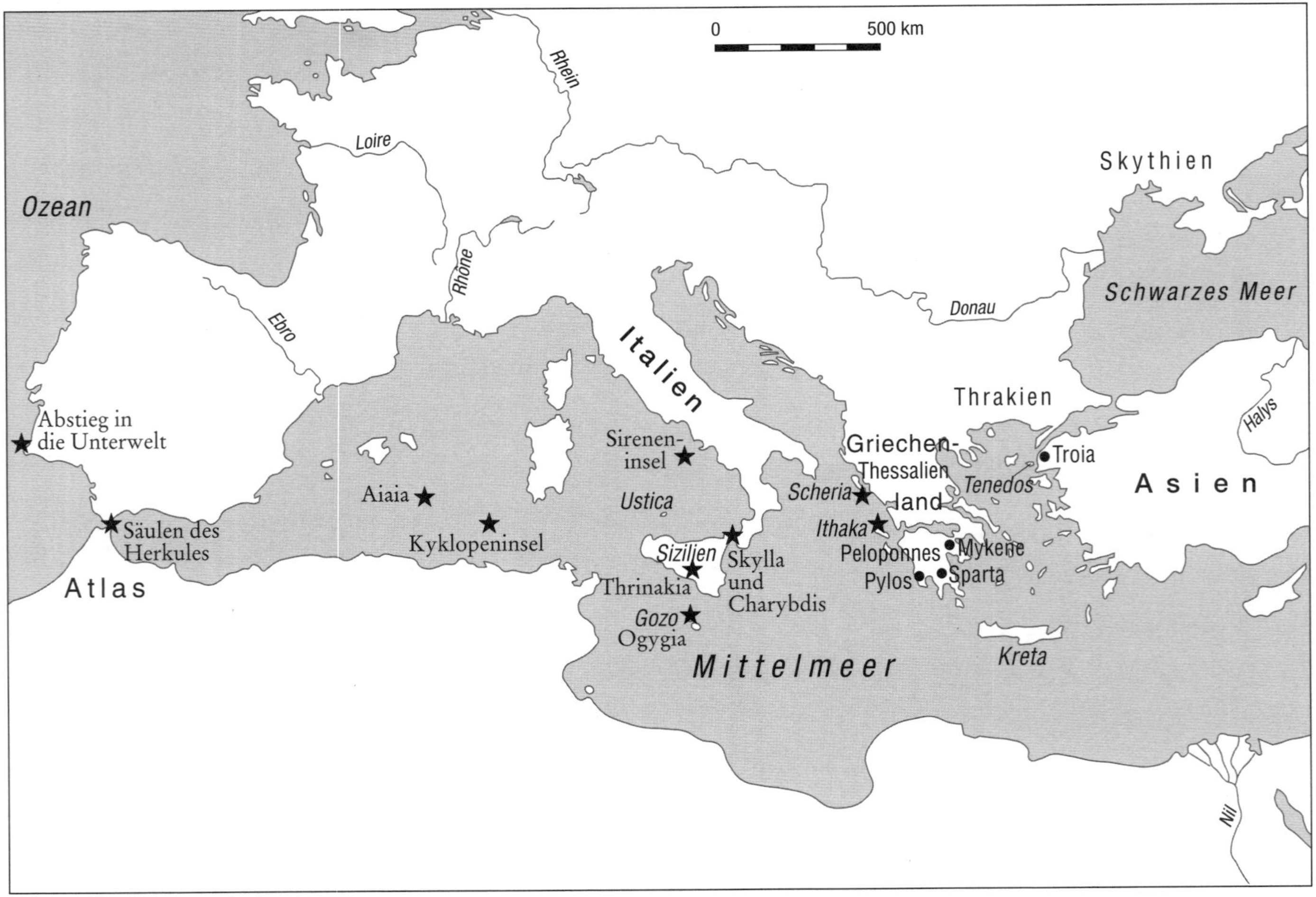

Schauplätze der Odysseus-Abenteuer